かしこいお母さんのおつきあい・マナー

園・学校

ママ友

ご近所

近藤珠實 著

"おつきあい"では、相手を思いやり、自分をなくさない

子どもができて「お母さん」という立場になると、これまでの仕事関係や友人関係とは違う、子どもを介しての新たなおつきあいが始まります。子どもを通して人間関係はどんどん広がり、お母さん同士のおつきあいから、幼稚園や小学校の先生とのおつきあい、PTA関係のおつきあいといったものも加わってきます。

とかく気をつかうことが多いおつきあい。悩んだり、迷ったりすることもあるでしょう。おつきあいをスムーズに、かしこくこなすには、どうすればよいのでしょうか。

どんな状況で相手がだれであっても、人と人とのおつきあいにはこれだけは忘れてほしくないということがあります。それは、相手に対するやさしさと思いやりです。これがなければ、おつきあいはうまくいきません。

かといって、相手のことばかり考えて自分をなくしたのでは、ストレスがたまってしまいます。考えていることや言いたいことがあれば、はっきり言葉に出して伝えますが、伝えるときは、表現のしかたに気を配る必要があります。

どんな言い方をすればよい印象で伝わるか、どんな言い方が不快感を与えるかを知って、コミュニケーションをスムーズにしたいものです。

本書では、小さなお子さんを持つお母さんのために、ママ友との

おつきあいのしかた、ご近所とのおつきあい、園・学校の先生とのおつきあいのマナーを、具体的に説明しています。どんな言い方をすれば気持ちが伝わるか、こんなとき、これをやったらNGなど、わかりやすく解説してあります。また、冠婚葬祭でのマナーや、園・学校でのスピーチ、手紙、文書の書き方など、お母さんの日常生活に役立つ知識も紹介してあります。

思いやりの心があれば、マナーにはずれる行為をすることもありません。授業参観での保護者のマナーの悪さが問題になることがありますが、授業に集中している先生や子どもたちのことを思えば、携帯電話を鳴らしたり、私語に夢中になったりできないはずです。「こんなときどうすればいい？」と迷ったときは、相手の側に立って考えてみると、失敗することはないものです。

お母さん同士のおつきあいでは、自分だけでなく、子どもが関係しているので気をつかうものです。でも、おつきあいの場はたくさんのことを学べる場でもあります。そして、何よりも、お母さん本人がおつきあいを楽しんでほしいと思います。

お母さんのおつきあいを楽しくし、充実した毎日を送るために、本書を役立てていただけることを願っております。

近藤珠實

もくじ

PART 1

ママ友とのおつきあいとマナー

PART 2 ご近所のおつきあいとマナー

もくじ

PART 3

園・学校とのおつきあいとマナー

PART 4

好感を持たれる日常のマナー

PART 5

冠婚葬祭・行事のマナー

もくじ

PART 6 お母さんのスピーチ・文書・手紙

PART 1

ママ友との
おつきあいとマナー

ママ友ってどういうもの？

どんなきっかけでママ友になるの？

ママ友とは、子どもがいることで知り合った「育児友だち」のこと。知り合うきっかけは、さまざまです。公園デビューしてママ友ができる場合もあれば、子どもが幼稚園や小学校へ入ったことがきっかけで知り合う場合、妊娠中に通った母親学級や出産した病院（産院）、子どもの予防接種で行った保健所、児童館などで知り合う場合もあります。同じ社宅やマンションのママと、顔を合わせているうちに何となく言葉を交わすようになる、というケースもあります。

やっぱりママ友はいたほうがいいの？

「ママ友なんていらない。昔からの友だちに何でも話せばいいから」と言う人もいます。話を聞いてくれる気の置けない友だちがいるのなら、確かにそれでいいでしょう。

ただ、どんなに親しい友だち同士でも、片方がシングルだと、話の中にどうしても合わない部分が出てくるもの。たとえお互いが結婚していても、相手に子どもがいない場合は、やはり話していて微妙にかみ合わないものを感じることがあります。

子育ての大変さをわかってもらえない寂しさや、子どもと向き合う毎

日でのっていく満たされない思いは、子どもを育てている人なら、多かれ少なかれ抱いているものです。それを、解消するとまではいかなくても、話をすることで気を楽にすることができる相手は、同じ大変さを現在進行形で味わっているママ友以外にないと言えます。

また、とくに子どもが小さいうちは、お母さんになる前よりどうしても行動範囲が狭くなってしまうものです。雑誌やネット情報があるとはいえ、地域に密着したナマの情報が得られるのも、ママ友と交流することのメリットです。

ママ友と普通の友だちはどう違うの？

ママ友には、高齢出産した人もいれば、10代で出産した人もいて、年齢はいろいろです。また、育ってきた環境や今の生活環境、ものの考え方も人それぞれで、子どもがいなければ知り合うことのなかった相手かもしれません。つまり、ママ友というのは、自分と趣味や気が合うという基準で選んだ友だちではないわけで、そこが普通の友だちと根本的に違うところです。

さらに、ママ友のおつきあいの多くは長い間続くわけではなく、子どもの成長とともに、自然になくなっていくものです。

ママ友同士でも、お互いが望めばつきあいが深まることもありますが、多くのお母さんたちは、ママ友とは子どもを通したおつきあいで、子どもの環境が変わればママ友も変わる、いわば期間限定のおつきあいと割り切っているようです。

ママ友とのおつきあい8か条

〝期間限定のおつきあい〟でも大切なのは思いやり

同年代の子どもを持つお母さん同士が、育児の悩みや苦労を共有し、お互いに協力し合う——それがママ友です。

育児生活をともに乗り切る戦友ともいうべきママ友ですが、年齢、性格や価値感、金銭感覚、生活環境などは人によってさまざまです。自分にとっては当たり前のことが通用せず、どうつきあっていいかわからない、と戸惑うことがあるかもしれません。また、住む場所も近く、同じような子育ての悩みを持っているという連帯感から、必要以上にプライ

1 一線を引いてつきあう

2 自分を基準に考えない

3 自分だけが大変と思わない

4 人のしつけに口出ししない

バシーに深入りしてしまうということも起こります。

考え方の違いからトラブルになったり、周りに流されて不本意なおつきあいになったりして、育児生活の助けになるはずのママ友づきあいが負担になってしまっては、元も子もありません。

お互いに気持ちのよいおつきあいをするために、心得ておきたいのが、下に挙げた8か条です。大切なのは「人の立場にたって考えること」「人は人、自分は自分と割り切ること」です。

ママ友みんなに共通しているのは、協力し合いたい、子どものためになる情報を共有したい、という気持ちです。ちょうどいい距離を保ちながら、お互いに「いいママ友」と思える関係を築きたいものです。

5 悪口は言わない・同意しない

6 子どもの自慢話はしない

7 プライバシーを詮索しない

8 子どもを第一に考える

一線を引いてつきあう

ママ友とのおつきあいでは、子育て中の悩み相談や情報収集ができるなどのメリットがあり、何かと助かること、ためになることが多いものです。

その反面、一緒にいる時間が長くなると〝四六時中ベッタリ〟になりやすく、結果としてわずらわしさを感じるようになることもあります。

また、お互いの家を行き来するようになると、相手に遠慮する気持ちが希薄になりやすく、つい立ち入った言動をしたり、お互いの家庭環境を比較して劣等感や優越感を持ったりと、困った問題が起きてくることもあります。

そのようなことを避けるには、はじめからおつきあいに一線を引いて、深入りしないことです。たとえば、会うのは週2回公園でとか、遊びに来るのはいいけど木曜の午後だけ、というように基準を設け、「私はこういう人なのよ」ということを言葉や行動で繰り返し相手に伝えて、おつきあいに浸透させていくのです。

孤立しているわけではないから寂しくない、お互いに干渉しないからうるさくない。ママ友とは、そんな〝つかず離れず〟の関係を保ちたいものです。

2 自分を基準に考えない

「私がこうだから人もそうだ」と思い込むのは、人づきあいをするうえでとても危険なことです。

　たとえば、「お宅、ボーナスもう出た？」とか「大学では何を専攻したの？」といった何気ない質問でも、どこの家庭にもボーナスが出るとは限りませんし、すべての人が大卒というわけではありません。

　自分にとっては当たり前のことでも、人によってはそうでないこともあるということを、しっかり認識するようにしましょう。

私は こう 思う
私の 場合は…
いろいろなのね

　こうしたことは、洗濯物の干し方やたたみ方といった、日常のごくささやかなことにもいえます。遊びに行ったママ友の家で、洗濯物が自分と違うやり方で干されていたからといって、「変な干し方してるのね」などと言うのは冗談にしても禁物。それぞれの家によって、長年やってきたやり方があるのは当然のことです。自分のやり方と違うと気になるものですが、相手にとってはそれが当たり前のやり方なのです。

　育ってきた環境もいろいろ、今の境遇もさまざまなママ友。ママ友とのおつきあいでは、自分を基準に考えないように、くれぐれも注意しましょう。「いろいろな人がいておもしろい、勉強になる」という前向きな気持ちでおつきあいができるといいと思います。

3 自分だけが大変と思わない

子どもや家族のこと、家の中のこと、仕事、おつきあいのことなど、やらなくてはならないことがたくさんあり、お母さんは大変です。

忙しくてついグチっぽくなってしまうこともあるでしょうが、大変なのはよそのお宅も同じです。大変そうに見えないのは、がんばって笑顔を絶やさないようにしているからかもしれません。

実際、いつも楽しそうに見えるママ友が、話を聞いてみると飲食店をやっている夫の実家に週末は必ず手伝いに行かねばならず、自分より大変な思いをしている人だった、ということもあります。「私だけ、どうしてこんなに大変なの？」という思い込みはNGです。

そもそも、「私だけが大変」と思うのは、心に余裕がなくなっている証拠かもしれません。忙しいお母さんにはむずかしいかもしれませんが、朝30分早起きして、自分ひとりのコーヒータイムを楽しむなど、自分を取り戻す時間をほんの少しでも作るようにしてみてください。

それに、大変な今は、それが永遠に続くように思えるものですが、いずれ子どもは成長し、確実に生活は変わります。ママ友だって、いつもグチばかり言われては、けむたがられてしまいます。

大変でも、どうしたら少しでも楽しみながら乗り切れるかを考えるのが賢明と言えます。

4

人のしつけに口出ししない

痛かったの？
しつけは人それぞれよ

ママ友同士で育児について相談し合うのはよくあることですが、そのときに絶対にやっていけないのは、「相手のしつけに口出しすること」です。

たとえば、子どもが転んだとき、すぐに駆け寄って起こしてあげるお母さんもいれば、子どもが自分で起き上がるまで手を出さないお母さんもいます。手を出さないお母さんに対して、「それって、かわいそうじゃない？」と批判めいたことを口にするのはよくありません。

しつけをめぐるトラブルは、姑との間にも起こりやすいものです。子どもに抱きグセをつけたくないために、自分は泣かれてもしばらく見守る方針でいるのに、姑は「よく平気でいられるわね」と言って、すぐ抱き上げてしまう。子どもの親としてはカチンとくるでしょう。

しつけは、家庭によってさまざまです。親の価値観や人生観が反映されている場合もあり、それを他人から否定されるのは、自分を否定されるのと同じように感じる人もいるのです。また、子どもにも個性があり、性格もさまざまですから、自分の子に合うしつけの方法がよその子にも合うとは限らないのです。

5 悪口は言わない・同意しない

ママ友同士でおしゃべりをしているときに、ほかのママ友のうわさ話になることも多いでしょう。そのとき、話題が人の悪口になったら要注意。まず、自分が悪口を言わないようにすること。ちょっとしたグチでも不用意に発したひと言がまたたく間に広がり、思いもしなかったトラブルを招くこともあります。どうしてもグチを言いたいときは、昔からの友人に聞いてもらうなどして、ストレスをためないようにしましょう。

また、悪口には同意しないことも大切です。「本当にひどい人よねえ」と言われて、うっかり「そうね」と返事をしたり、うなずいたりすると、いつの間にか「あの人もこう言ってたわよ」と悪口を言った側の人にされてしまうこともあります。

こうした場合は、「私、○○さんのことよく知らないから、何とも言えないわ」と、関心がないような答え方をするのが無難です。相手は、「何だつまらない」と話題を変えるはずです。あるいは、関心を示してくれる人に話し続けるでしょう。

聞きたくもない悪口を聞かされるのは、本当にウンザリするもの。話が始まりそうになったら、用事を思い出すふりをして、上手にその場を離れることも考えましょう。

子どもの自慢話はしない

…
ウチの子ったらすごいのよ！

ママ友とのおつきあいでは、話の中心は子どものことです。わが子かわいさから、ときには自慢めいた話も出るでしょう。それは必ずしも悪いことではないのですが、周りがほほえましく聞いていられる種類のものに限ります。

たとえば、「最近、下の子の面倒を見てくれるようになって、本当にいい子なの」というような話なら、聞いている側も「それは助かるわね」と素直に相づちが打てるでしょう。

気をつけたいのは、「ほかの子はできないのに、ウチの子だけできる」「ウチの子のほうがすごい」といった、比較を伴う自慢です。これは、聞く側にとって、あまりおもしろい話ではありません。むしろ、不快な気持ちにさせられます。「できない子」のほうの親だとしたら、傷つけられることもあるかもしれません。

自分の子をかわいいと思う気持ちは、親ならだれにもあります。その気持ちゆえに、ママ友の「ウチの子は優秀」といった自慢話には敏感に反応する人もいるということを忘れたくないものです。

子どもを自慢したいときは、孫の話なら喜んで聞いてくれる親にするのがよいでしょう。

7 プライバシーを詮索しない

　プライベートなことを他人からあれこれ聞かれるのは、だれにとっても気持ちのよいものではありません。ママ友に対して「家のローンは？」「だんな様の大学は？」「お子さんの成績は？」などの立ち入った質問は控えましょう。
　子どもの話から、ついうっかり立ち入ったことまで聞いてしまうことがあるものですが、そんなときはすぐに謝り、さっと話題を変えてしまいましょう。
　ママ友同士でお互いの家を行き来するような仲になっても、けじめのあるおつきあいが大切です。ママ友の家を訪ねたときは、通された部屋やトイレ以外に行かないのはもちろん、勝手に引き出しを開けたり、置いてあるものにさわったりしないように気をつけましょう。相手やその夫のものが目に入ると、聞きたい事や知りたいことが出てくるかもしれませんが、相手が話題にしない限り、こちらから聞くのは遠慮します。
　どこの家庭にも、それぞれ人に知られたくない家の事情というものがあり、暮らし方もいろいろ。無遠慮にプライバシーを詮索するようなことはNGです。

子どもを第一に考える 8

お母さん同士のおつきあいは、子どもがいると「いやおうなく」始まります。人づきあいが苦手な人にとって、これはけっこう頭の痛いことかもしれません。

でも、前にも述べたように、そのおつきあいはあくまでも期間限定です。一生続くわけではないので、自分にとってどうかより、まずは子どもにとってどうかを考えましょう。

人づきあいをきらって子どもと家にばかりいたのでは、外との接点が少なくなり、必要な情報を得ることができません。子どもに社会性を身につけさせるためにも、積極的に外に出てコミュニケーションを求めることは必要です。

ママ友たちと知り合っていくなかで、自分と相性が悪い人と出会うこともあるかもしれません。気の合わない人と無理に仲よくすることはありませんが、その人が子どもの友だちのお母さんならば、知らんぷりするのは不自然。顔を合わせたら明るくあいさつを交わす程度の関係は作るようにしましょう。

やっていけないのは、子ども同士仲がよいのに、お母さん同士の性格が合わないからといって、「あの子と遊んじゃダメ」と子どもに言い聞かせること。酷な話です。

あいさつが印象を左右する

短いあいさつでもするとしないでは大違い

コミュニケーションに欠かせない大切なもの、それは「あいさつ」です。最初に出会ったとき、別れるとき、そして要所要所をつなぐのは、すべてあいさつです。それがなければ、人づきあいはスムーズにいかないと言ってもいいくらいです。

お母さん同士のおつきあいも、すべてはあいさつから始まります。「おはようございます」「こんにちは」といった短いあいさつでも、された相手はいい感じを受けますし、日常のおつきあいもスムーズになるはずです。

感じのいいあいさつって？

笑顔で相手の目を見ながら

そっぽを向いたあいさつでは、心が伝わりません。無表情も同じです。

明るく、はきはきと

明るいあいさつは、だれにとっても気持ちがよいものです。しっかり声を出しましょう。

顔見知りかどうかに関係なく自分から

同じお母さん同士なら、こちらからあいさつを。きっとよい印象を持ってもらえます。

子連れの人には子どもにもひと言

子どもに声をかけてもらうのは、親にとってうれしいもの。子どもにも「○○ちゃんのママ」として印象が残ります。

あいさつからおつきあいが始まることも

人づきあいが苦手で、ママ友ができるかどうか心配でも、あいさつができれば大丈夫。いつ、だれにでも笑顔であいさつして、おつきあいのきっかけを作りましょう

あいさつは自分から相手を選ばずに

あいさつをされたら、すぐにあいさつを返すのはもちろんですが、できれば自分から積極的に声をかけたいものです。それも、「あの人にはあいさつするけれど、この人にはパス」というのではなく、だれに対しても同じあいさつをするように心がけましょう。

また、その日の気分であいさつしたり、しなかったりでは、印象がよくありません。

いつも笑顔で感じのよいあいさつを交わしていれば、自然と会話に発展し、友達も増えていきます。また、あいさつすることで、自分自身も改まったようなさわやかな気持ちになります。

場面別 あいさつのしかた

相手に連れがいるとき

引き止めて話をすると、連れの人を待たせることに。あいさつは簡単にすませ、連れの人にも軽く会釈して別れます。

相手がご主人と一緒のとき

奥さんとのあいさつがおじぎ抜きでも、ご主人には敬礼クラスのおじぎを。「はじめまして。山田と申します。○○さん（奥さん）にはいつもお世話になっております」などの言葉を添えて。

こちらが夫と一緒のとき

先に「主人です」と相手に夫を紹介し、それから夫に「中村さんよ。勇樹と同じクラスの健ちゃんのお母さん」などのように相手を紹介します。

先を急いでいるときにバッタリ会った

「こんにちは」のあとに、相手が何か話し始めてしまったら、急いでいることを相手に伝えてかまいません。うわの空で聞いているほうが失礼です。「急いでいるから今日はごめんなさい」「急いでおりますので失礼いたします」など相手に応じて。

あいさつしようとしたら目をそらされた

こういうときは、声をかけてほしくないのだなと判断して、笑顔で軽く会釈するだけにしましょう。

NG

目をそらされたのに「こんにちは！木村さんでしょう？」などと追求しないこと。ただ、そのときたまたま気がつかなかっただけかもしれませんから、次に会ったときも声をかけてみましょう。

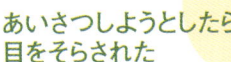

話題選びの○と×

ママ友同士、何を話したらいい？

ママ友とのおつきあいでは、話題選びに気をつかうものです。子育て以外に共通の話題がなく、年齢がいろいろなので興味の対象もバラバラ、「何を話せばいいの？」と思うのももっともです。

話題に困ったとき、よく言われているのが、「キドニタチカケシ衣食住」から、状況に適した話題を選ぶというものです。ただ、ママ友同士の場合、家族や仕事、住まいといった話題は、お互いのプライバシーに立ち入らないために避けたほうがいい場合もあるので気をつけましょう。

話題の選び方

- キ→気候・天気
- ド→道楽・趣味
- ニ→ニュース
- タ→旅
- チ→知人（共通の）
- カ→家族
- ケ→健康
- シ→仕事
- 衣→ファッション
- 食→グルメ
- 住→住まい

子どもと天気の話は万能！

安心して話せるのは、やはりこの２つ。子どもの話は、生活上のことから健康、食べ物、衣服のことなど、けっこう幅広いものです。ただし、お互いの子どもの比較は避けること。天気は、「寒くなってきたわね。そろそろ暖房がほしいわよね」というように、それを糸口にして話の枝を広げていくとよいでしょう。

グルメ、ファッションの話は相手に応じて

おいしい料理やスイーツ、ファッションの話は女性が好きな話題ですが、みんなが関心があるとは限りません。思うように話が盛り上がらないときは別の話題に切り替えましょう。相手がおいしいもの好きなら、「じゃあ今度食べに行かない？」と一挙に親しくなることも。

5W2Hで話を広げる

相手の話にタイミングよく質問をはさむと、話がどんどん展開します。相手が「子どもをスイミングに通わせることにしたの」と言った場合、5W2Hを利用して次のような質問を。

When（いつ？）いつから始めるの？

Where（どこで？）どこのスイミングスクールなの？

Who（だれ？）だれと一緒なの？

What（何を？）どんなことを習うの？

Why（なぜ？）なぜスイミングなの？

How many（何回？）月何回なの？

How to（どうやって？）どんなふうにしてやるの？

学歴・お金の話はNG

ママ友同士の話では、自分が優位に立つような話題は避けましょう。とくに学歴や夫の年収などの話はお互いの間に格差を生んでしまうので禁物です。それぞれの生活レベルに差があるのは仕方ないとしても、一緒にいるときは子育て仲間として同一線上で語り合うようにしましょう。会話の中で、やたらと高い金額を出すのも、節約を心がけているようなお母さんには耳障りなものです。

3人で話をするときは対立しない配慮を

3人で話をしていて意見が合わないと、どうしても2対1に分かれてしまいます。そのときの状況によっては、1人は自分が仲間はずれにされたような感じを受けることもあり、あまりいい雰囲気ではなくなるもの。意見が合わなくて1対1になったとき、残りの1人は「私はどっちとも言えないわ」のように中立でいる心づかいも大切です。

前向きな相づちで聞き上手に

上手に相づちを打って、聞き役に徹するのも一つの方法です。例えば、「日曜日に家族でディズニーランドに行くの」と言われた場合、「きっと込んでて大変よ」などと否定的なことを言うのはNG。「わあ、すてき！　きっと楽しいでしょうね」と前向きな相づちを心がけましょう。

ママ友を家に招く・招かれたとき

家に招くときは堅苦しく考えずに

公園や幼稚園で仲よくなった、あるいはいつも何かとお世話になっているママ友を家に招待して、一緒に楽しく話をしたいこともあります。そんなときは気軽に「今度ウチに来ない？」と誘ってみましょう。

ママ友とはいえ、他人を家に入れるのは気をつかうものですが、「一緒に楽しく過ごそう」という気持ちがあれば、とりたてて特別なことをする必要はありません。見苦しくない程度に家の中を片づけ、トイレや洗面所が汚れていないかチェックするだけで十分です。

招かれたときは、〝親しきなかにも礼儀あり〟を忘れずに

自宅を訪問するということは、その人のプライベートな領域に入っていくことです。いくら親しいからといって、けじめのないことをするのは禁物です。

お宅におじゃまして、その人の私生活にふれると、いろいろなことを聞いてみたくなるでしょう。でも、「家賃は？」「家のローンは？」など、その場の雰囲気を考えずに聞くのは失礼です。話題選びには気をつけましょう。

「また来てね」と言ってもらえるような訪問にしたいものです。

ママ友を子ども連れで家に招くとき

お互いにあとでいやな思いをしないよう、事前の準備やとり決めをしておきましょう。

トラブル防止策をとる

さわられると困るもの、大事にしているものなどは、別室に移しておきます。

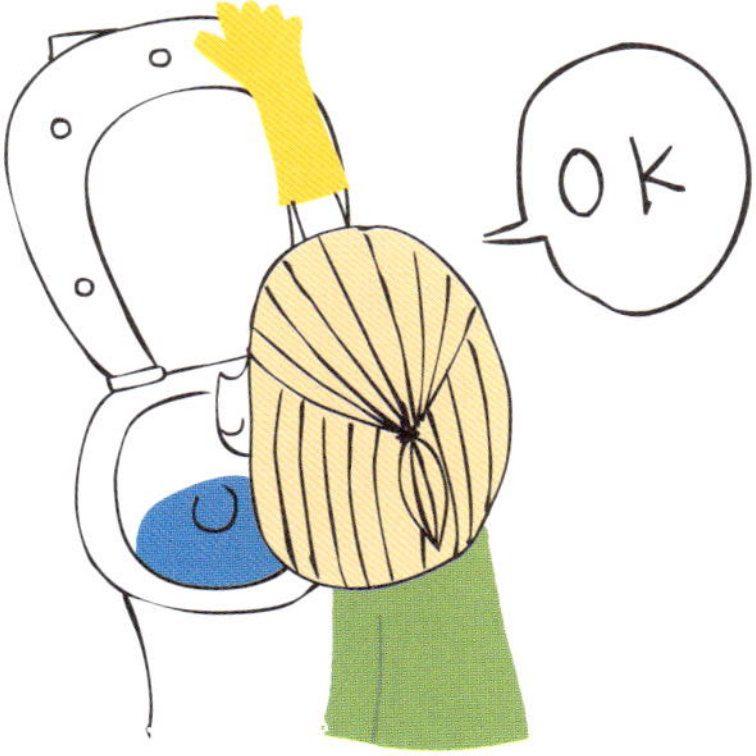

トイレと洗面所をチェック!

便器が汚れていないか、便座を上げて確認します。タオルも忘れずにセットしておきます。洗面所に髪の毛が落ちていないかどうかもチェックしましょう。

おやつを用意する

ママ友が持ってきてくれたものがあれば、せっかくの好意なのでそれを。

ルールを決めておく

「戸棚を開けない」「ベッドで飛び跳ねない」など、最初にきちんと伝えます。ママ友と共通のルールを決めておくとよいでしょう。

5 子どもがトイレを借りたら使用後にチェック

子どもが1人でトイレに行けるようになっても、使い終わったら汚れていないか親の目でチェックしましょう。

6 長居しすぎない

帰りの時間を聞いていなかった場合でも、相手が「そろそろ」と言い出す前に、自分のほうからおいとまを切り出しましょう。

7 後片づけの時間も考えておく

時間ギリギリまで遊んで、あわてて「バイバイ」ということのないように。遊びちらかしたものは、みんなで片づけます。

8 きちんとお礼を言う

「楽しかったです」「おじゃましました」と、家で楽しませてもらったお礼をしっかり言って別れます。子どもにもお礼を言わせましょう。

子ども連れでママ友の家に招かれたとき

1 時間を確認する

相手の家に遊びに行くときは、「何時ごろ行っていいか」だけでなく、「何時ごろまで大丈夫か」も必ず聞いて、その時間を守ります。

2 訪問者はほかにいるか聞いておく

訪ねたらほかにも親子が来ていて、しかもそのお母さんは苦手なタイプということも。招かれた時点で聞きましょう。

3 前もって子どもに「ダメなこと」を教えておく

よその家では勝手にいろいろなものにさわらないなど、してはいけないことを子どもに言い聞かせておくことも必要です。

4 おやつを持参する

相手に気づかいをさせないために、最近はおやつを用意して行くケースが多いようです。たびたび行き来する間柄なら、お互いさまなので省略しても。

来客への対応 Q&A

Q わが家は禁煙なのに「灰皿ある?」と聞かれた

A 「ウチは禁煙なの」とはっきり告げ、ベランダなどで吸ってもらいましょう。がまんして許すと以後ずっとがまんを強いられることになり、最初が肝心。

Q 約束していないのに遊びに来られた

A 相手の都合も聞かずにやってきたのですから、つきあう気持ちがなければ家に上がってもらう必要はありません。「今日は用事があってダメなの」とはっきり断ってかまいません。

Q 初めて来た人に「向こうのお部屋も見せて」と言われた

A 「いやだな」と思うのであれば、「すごくちらかってて、今日やっとこの部屋だけ掃除したの」とか「プライベートな部屋だからごめんね」と言って断りましょう。

Q もう来てほしくない人に「また来ていい?」と聞かれた

A その場で「ダメ」とは言えないものです。「都合がよければね」と答えておきます。次からは「行っていい?」と何度聞かれても、都合が悪いと言って断ればいいでしょう。

こんなとき
どうする？

誘う

ママ友のなかに、「この人とは気が合いそう」「仲よくしてみたい」と思う人がいたら、ランチや近所のイベントなどに誘ってみましょう。

誘うとき、だれでも「ＯＫ」の返事を期待して声をかけるものですが、言い方が悪いと「ＮＯ」と言われてしまうことも。

ママ友同士でお茶やランチに誘い合うことはよくありますが、「お茶しない？」と言う前に「よかったら」「急いでなければ」など、ちょっとした言葉をプラスすると、相手に対する思いやりの気持ちが伝わるものです。

今度の土曜と日曜、児童館で“こども祭り”があるんだけど、
よかったらご一緒しない？
ウチの凛と美穂ちゃん仲よしだし、私も田中さんと
一度ゆっくりお話ししたいと思ってたの。
親子でゲームとか、パン作りに挑戦というコーナーもあるそうよ。
私は土曜でも日曜でもかまわないけど、
田中さんはどちらがご都合いいかしら？

相手の都合を配慮する

どこかに出かける誘いの場合、「○日に○○へ行かない？」という言い方をしても、人には都合があります。どうしても一緒に行きたい相手なら、相手の都合に合わせる言い方を。

相手をその気にさせる“ひと言”をプラス

相手が返事に迷っているとき、「○○さんも行くのよ」とか「子ども服のリサイクルもあるんですって」など、「行ってみよう」という気を起こさせるひと言を添えて「ＯＫ」を促します。

熱意を込める

「ＯＫ」でも「ＮＯ」でもどちらでもいい、というような誘い方では、人の心を動かせません。「ぜひあなたと！」の思いを込めて誘いましょう。

「新しくできたお店」を口実にして誘う

「ママ友をお茶に誘いたいけれど、きっかけがつかめない」というとき、オープンしたてのお店があったら、それを利用しましょう。「公園通りにシャレた喫茶店ができたの知ってる？　行ってみたいんだけど一人じゃ勇気がなくて。よかったら一緒にのぞいてみない？」。新しい店に限らず、「すてきなお店を見つけたんだけど」でもＯＫ。

「たまには」の気持ちを伝えて誘う

お互いに子育てで苦労している仲間同士なので、「ママだって休みたい」「たまにはいいじゃない」という気持ちを伝えるのも効果があります。「この映画の試写会のチケットが手に入ったの。陸ちゃんのお迎えの時間までには帰れるから、都合がよければたまにはママをお休みして、一緒に行かない？」などと誘ってみましょう。

断られても理由は追及しない

ママ友を誘っても、相手の都合しだいで断られることもあります。がっかりするものですが、「じゃ今度ね」とあっさり引き下がることも大切。「ごめんね。都合が悪いからダメだわ」と言われたとき、「都合って？」と深く追求するのは、きらわれる元なので注意を。

こんなとき
どうする？

お願いごとをする

園や塾への送り迎えなど、子どもに関することでママ友にお願いごとをすることは少なくありません。

何かお願いするとき、自分では「こんなことぐらい」と思っても、ごく軽いものは別として、頼まれる側は、重い荷物を背負わされたような気持ちになる場合もあることを忘れないようにしましょう。

断られると、「何よ、断るなんて失礼ね！」という気持ちになるかもしれませんが、相手は、力になれないことを気にしているかもしれません。「いいのよ、気にしないで」と言うほうが、はるかに大人です。

相手を選ぶ

お願いする内容によっては、相手はだれでもいいというわけにはいきません。だれなら頼みを引き受けてくれそうか、自分がその人に頼める立場かも含めて、じっくり考えましょう。

低姿勢で控えめな言い方を

人にものをお願いするのに、えらそうな態度では反感を買います。卑屈な感じを与えない程度に低姿勢で、「～していただけないかしら」のような控えめな言い方を心がけましょう。

厚かましい印象を与えない

ものを借りるお願いをするときは、なぜそれが必要なのか簡単に説明を。厚かましい印象を持たれないように、丁寧にお願いします。

ねえ、佐々木さん、
佐々木さんは確か、
この間のおゆうぎ会で、
ユリ組の『雪ん子』、
ビデオ撮影してましたよね？
突然のお願いで申し訳ないんですけど、
その録画テープ、
１日だけ貸していただけませんか？
実は来週、主人の両親が
上京してくるものだから、
孫の踊りを見せてあげたいなと
思って。ご迷惑じゃなかったら
お願いします。

役員をお願いするときは「ともにやろう」の気持ちで

だれもがパスしたいと思っている役員をお願いするときは、「あなた1人だけに大変な思いはさせない」という気持ちを伝えるのがポイント。「私もできる限り協力する。表には出ないけどバックアップするから」のように言って、相手の心を動かします。押しつけるだけでは「ＹＥＳ」は期待できません。

一緒にがんばろう

子どもを預かってもらうお願いでは「次は私が…」を約束

人の子どもを預かるというのは、かなり神経をつかうこと。それをお願いするときは、親しいママ友でも丁寧に。さらに、「私も今度○○ちゃんを預かるわ！」のひと言を添えると、相手も「それなら」と思ってくれるでしょう。幼稚園や習い事の送り迎えを頼むときも同じ。ママ友とは、困っているときに助け合う関係を築きたいものです。

次は私が

たとえ親しい相手でも謙虚に

相手と親しい間柄でも、好意にすがってお願いする以上、あくまでも謙虚に。無理押しは禁物です。事務的・威圧的な態度は禁物ですし、相手が断りにくい「泣き落とし」で頼むのも印象がよくありません。

お願いします
そんな改まって…

父母会の仕事を手伝ってもらうにはそのメリットを伝えて

強制でないお手伝いを頼むときは、それをすることでどんなメリットがあるかを伝えることが重要。「いろいろな人がいるから楽しいわよ」より、「こういうときにお手伝いしておくと、次の役員選びで見逃してもらえるわよ」などのほうが、はるかに効果的。

メリット1……
メリット2……

こんなとき どうする？

断る

ママ友同士のおつきあいでは、一度子どもを預かってあげた人から「またお願いできる？」と何度も頼まれていやになったり、ひんぱんなランチの誘いに閉口したりすることがあるものです。

都合が悪いときや気が乗らないときは、きっぱり断りましょう。言いにくいことですが、おつきあいでは「NO」を上手に言うことも必要です。断られる相手の立場に立って、思いやりのある断り方をすれば、不快な思いをさせることはありません。

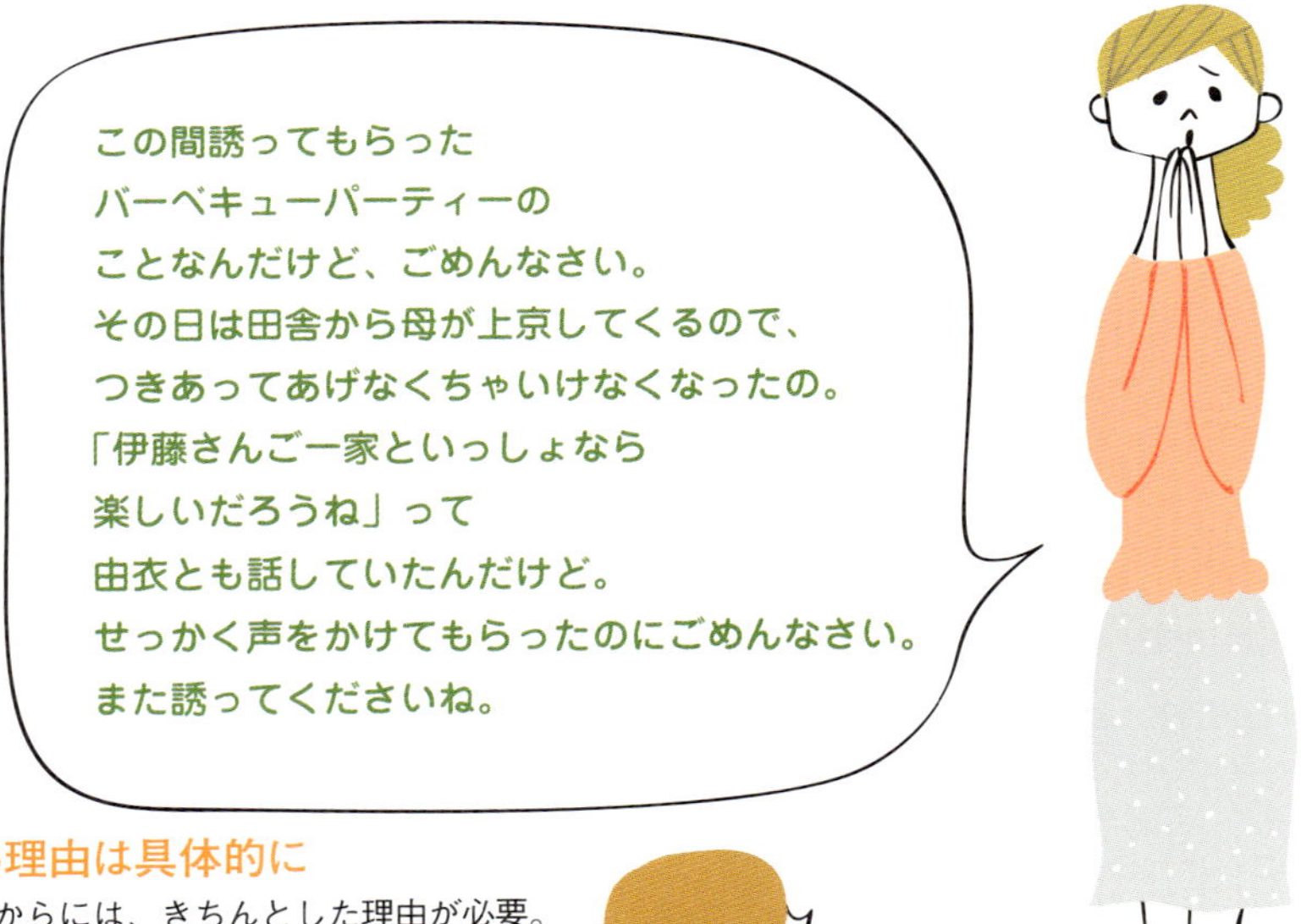
この間誘ってもらった
バーベキューパーティーの
ことなんだけど、ごめんなさい。
その日は田舎から母が上京してくるので、
つきあってあげなくちゃいけなくなったの。
「伊藤さんご一家といっしょなら
楽しいだろうね」って
由衣とも話していたんだけど。
せっかく声をかけてもらったのにごめんなさい。
また誘ってくださいね。

断る理由は具体的に

断るからには、きちんとした理由が必要。「それならしかたないわね」と納得してもらえるように、具体的に説明します。正当な理由がない場合は、相手を傷つけない理由（体調が悪い、用事があるなど）を作って断りましょう。

相手を傷つけない言い方で

言い方が悪いと、相手を傷つけてしまいます。期待に添えないおわびの言葉も必ず添えて、相手の気持ちを思いやった断り方を。

借用を断るときは「使う予定がある」が無難

大事にしているものを「貸して」と言われて断りたいとき、「あれは壊れちゃった」とか「この間なくしたの」と言ったのでは、貸したくない気持ちが見破られてしまうかもしれません。「あいにく私もその日に使う予定がある」を理由に断り、「貸してあげたいのに本当に残念」の気持ちを伝えて謝ります。

あいにく
私も…

行きたい誘いを断るときは「次はぜひ」の気持ちを伝える

行きたいけれど行けないというときは、また誘ってもらえるような断り方をしましょう。「うわー、残念！」とまずは「行きたかった」という気持ちを伝え、それから行けない理由をはっきり告げます。「また誘ってね」「次はいつ行く予定？」などをプラスすると、行きたかった気持ちが伝わります。

残念！

あいまいな断り方は誤解の元

「断りたいけれど悪く思われたくない」とき、「今のところ何とも言えない」とか「たぶんダメだと思うけど、まだわからない」というような、あいまいな言い方をしがちです。自分は断ったつもりでも、相手は期待して待っているかもしれません。誤解を生まないためにも、断る意思があるなら早めに、確実に相手に伝えましょう。

ごめんなさい、
ダメなの

子ども会の役員を断るときは協力できるほかのことを挙げて

役員を断る理由のほとんどは、「仕事が忙しくて時間がとれない」「下の子に手がかかる」というものです。断るのに同じことを言ったのでは、「またか」と思われるだけでしょう。仕事を理由に断るにしても、誠意ある答え方が大切です。「役員は無理だけど行事のイベントはお手伝いできる」のように自分にできることを具体的に挙げて断ると、不快な感じを与えません。

この日なら
お手伝い
できます！

こんなときどうする?

催促する

「古い三輪車を譲ってくれると言ったのに、なかなか譲ってくれない」など、お願いしてあることを実行してもらえないときは、催促してもう一度お願いすることになります。

ただ、この催促というのは、する側にとってもそうなのですが、される側にとってもあまり気分のよいものではありません。とくに、約束を守ろうとしている最中に催促されるのは、不快極まりないことです。

頼みごとの内容にもよりますが、催促するときはそのようなことも頭に置いておく必要があります。

この間お願いした ミーティング会場の予約、 とれそうかしら？ あそこがとれなかったら ミーティングを他の日に しないといけないんだけど そうすると都合が悪い メンバーも出てくると思うの。 お忙しいとは思うけど、 なるべく早めに手配して もらえると助かるわ。 お願いします。
あ ごめん！

催促する理由をはっきり伝える

催促しなければならなくなった理由や事情がある場合は、相手の気持ちを動かすように、はっきりわかりやすく伝えましょう。

相手を責めない

待ちきれない思いから、相手の怠慢を責めるような強い口調にならないように。約束を果たせない、やむを得ない状況があることも考えられます。

頼み事の返事は、あまりあせらない

相手がうっかり忘れていたとしても、責めてはダメ。「お願いしていた○○、お忙しいとは思うんだけど、状況はどうかしら？」など、ソフトに相手の心に訴えます。

お忙しいところごめんなさいね
あ、こちらこそ本当にごめんなさい

貸したものを返してくれない人には

貸したものを、何度催促しても返してくれない人には、それを返してもらわないと困るのだ、ということを、きっぱりした態度で伝えます。遠慮をしてあいまいに説明すると、また返ってこないということになります。

ごめんなさいね
明日、返してもらわないと

親しい間柄ならユーモアを交えても

催促する相手が親しいママ友で、うっかり忘れているのだろうから、思い出してくれればすぐに返してくれる、という相手なら、ユーモアを交えてもいいでしょう。催促したことがきっかけで、2人の間の雰囲気がよくなることもあります。

この間貸したデジカメ、返してもらわないと、明日のピクニックでフラッシュいらずのうちのだんなが撮影できないのよ～。よろしくね。
わかった！

こんなとき
どうする？

お礼をする

子どもを預かってもらったり、古着をいただいたりしたとき、お礼をして感謝の気持ちを伝えるのは当然のことです。

ただ、いただきもののお礼などは、そのつどすぐ「お返ししなくちゃ」と神経質に考えることはありません。いただいたことを心のすみに留めておいて、旅行に行ったときにおみやげを買ってきたり、おいしいものが手に入ったときなどに、それを渡すようにすればＯＫ。要は、気づかいを忘れないことです。

丁寧に「ありがとう」を言うだけでも、感謝は十分伝わります。

今帰ってきました。
留守中、お世話さまでした。
ジョンを預かってもらったおかげで
家族でゆっくり旅行を楽しめたわ。
本当にありがとう。
これ、感謝の気持ち。
観光協会イチオシのお菓子で
オイシイの。
少しだけど食べてね。

タイミングを逃さない

好意を受けたことへの感謝の気持ちは、日を置かずに伝えるようにします。とくにお世話になったお礼は、時機を失すると感謝の気持ちが半分も相手に通じなくなるので要注意。

お礼の品は負担にならないものを

お世話になったお礼やお返しの品物は、高価なものにすると相手の負担になることも。気持ちが伝わればいいので、大げさでないお菓子の詰め合わせなど、ちょっとしたもので十分です。

たっくんの家
でごはん
食べた

子どもが友だちの家でごちそうになったら即お礼の電話を

子どもが自分で友だちの家を行き来するようになると、帰宅してから「〜を食べた」「〜をもらった」と言うことがあります。報告を受けたら、すぐ先方に電話してお礼を言いましょう。お礼は「今日は子どもがお世話になりまして、ありがとうございました。お昼ご飯までごちそうになったそうで、申し訳ございません。今度は○○ちゃんが遊びに来るようにお伝えください」というように言うといいでしょう。

電話番号がわからないときは、道で会ったときにお礼を言うか、一筆箋に簡単なお礼を書いて子どもに持たせます。

ありがとう
ございました

ママ友へのお礼は“行動”ですると喜ばれることも

ママ友にお礼をするとき、感謝を形にして品物を贈るのもいいのですが、何か“行動”するというのもいいアイデアです。

子どもを預かったり、買い物があったら代わりに行ってきたりと、相手が困っているときに「この間のお礼よ」「イチゴをいただいたお返しよ」などと言って助けてあげると喜ばれるでしょう。

行動でお礼よ!

こんなとき
どうする？

ヨソの子を叱る

子どもが家の中をバタバタ走り回っている場面で、「静かにしなさい！」と叱る親がいれば、「元気ねえ」と笑うだけの親もいます。

子どもを叱る基準は家によって異なるので、ヨソの子を叱るというのは、とてもむずかしいことかもしれません。

それでも、場所が違えば違うルールが存在し、そこではそのルールを守らなければならないということは、大人として教えていいことです。叱るというより、やさしく諭す言い方をすれば、2、3歳の子どもでも十分わかってくれるものです。

感情的にならない

子どもがいたずらをしたとき、冷静に「今いけないことしたよね？」と聞くと、「うん」と子どもは案外わかっているもの。怒鳴ったのでは、反省を促すチャンスを台無しにしてしまいます。

叱ったあとのフォローも大切

ヨソのお母さんに叱られることは、子どもなりにショックなものです。叱ったあと注意をきちんと守っていたら、「わかってくれたのね。○○ちゃんはやっぱりいい子だわ」と笑顔でほめてあげましょう。

叱る理由を明確に

遊びに来ていたヨソの子に“わが家のルール”で叱るときは、きちんと理由を説明する必要があります。自分がなぜ叱られるのか、子どもがわからないことのないように。

自分の子とヨソの子を分け隔てなく叱る

ソファの上で飛び跳ねるなど、自分の子とヨソの子が２人して困ることをして遊んでいた場合、自分の子どもだけを叱るのはＮＧです。

ヨソの子に対する遠慮から、ほこ先がどうしても自分の子にだけ向いてしまうものですが、それでは子どもとはいえ、自分の子のほうに不満が残ります。分け隔てなく、叱るときは２人一緒です。

叱ったことは必ず親に伝えておく

ママ友の子どもを預かったのはいいけれど、勝手にあちこちの引き出しを開けていた――こんな場面では、「そんなに開けられたら、おばちゃん困るな。もう開けないっておばちゃんと約束できる？」と注意しましょう。

叱ったことは、迎えに来たママ友に必ず伝えましょう。何も言わないでいると、子どもから「おばちゃんに叱られた」と聞かされて、ママ友が気にすることになります。

叱ったことでギクシャクしても気にしないこと

他人からわが子が叱られると、気分を害する人もいます。もしママ友がそうだったら、不快な思いをさせたおわびはするとしても、自分は大人として当然のことをしたと思うなら、叱ったこと自体を謝る必要はないでしょう。

それでママ友との間がギクシャクしても価値観の違いと割り切って、気にしないこと。あいさつだけは今までどおりするようにしましょう。

こんなとき
どうする？

苦情を言う

ママ友やママ友の子どもから何か迷惑をこうむったら、多少のことはお互いさまとして水に流すとしても、がまんできないものについては、苦情を言って注意してもらう必要があります。

ただ、やはり言い方が大切です。感情的に、一方的に相手を非難したのでは、どうしても角が立ち、その後のおつきあいにも影響が出ます。

とくに被害を受けたのが自分の子どもだと、よけい感情的になりやすいので要注意。こちらが困っている事情を丁寧に説明して、相手に対処してもらいましょう。

いつものように
公園で遊んでいたんですが、
途中でケンカになって、
お宅のヒロ君が、持っていた
木の枝でウチの子をたたいたんです。
幸いケガは大したことありません。
ウチでも改めてモノで人をたたいては
いけないと注意しましたが、
ヒロ君にもお母さんから
言っていただけますか？
これからも仲よくしてほしいので、
よろしくお願いします。

どうしてほしいのか要望をはっきり伝える

困っている事情の説明に続いて、「こうしてほしい」という要望を具体的に伝えます。

いやな印象を与えない

居丈高な印象を与えないように、あくまでも相手の状況を思いやりながら「お願いする」表現に。

事情を整理して冷静に訴える

頭に血がのぼった状態で怒りだけを相手にぶつけたのでは、何も解決しません。受けている迷惑を、冷静に筋道を立てて訴えるようにします。

苦情を言う目的は事態を解決すること

ママ友がいつも時間にルーズで困る、子どもにチョコレートをあげないようにしているのにママ友があげてしまった、ママ友の子が平気でウチの冷蔵庫を開けるなど、ママ友との間でも苦情を言いたいことはたくさんあるもの。言うのはかまいませんが、その目的は言ってスッキリすることではなく、今の困った事態を解決すること。それを忘れず、どうすればよいかをママ友と冷静に話し合いましょう。

他人の名前を挙げて味方につけない

困っている状況を強調して相手に伝えたいために、「みんな困ってるのよ。小川さんも太田さんも…」と勝手に他人の名前を挙げてしまうことがありますが、これはやめましょう。了解をとっているならいいのですが、そうでないときはママ友とその人たちの間でトラブルが起こりかねません。問題解決は、あくまでもママ友と、苦情を申し出た自分との間で図るべきです。

苦情を言われる立場になってみる

子どもの間では、遊びに夢中になって友だちを押したり、突き飛ばしたりというのは日常茶飯事。ですから、今日はわが子がケガをさせられたほうでも、明日はさせるほうになるかもしれません。苦情を言う前に、自分が言われる立場になったときのことを考えてみましょう。そうすれば、それほど批判的なことは言えないでしょうし、友だちにケガをさせてショックを受けている子どもにも、「大丈夫よ。治ったらまた遊んでね」と声をかける心の余裕も生まれるかもしれません。

こんなとき
どうする？

おわびをする

子どもは行動範囲が広がってくると、親の目の届かないところでさまざまなトラブルを起こしてしまうことがあります。そのときは親として誠心誠意おわびするとともに、監督が不行き届きだったことを、丁寧に謝る必要があります。

ママ友同士でも、約束を守らなかったなどの理由で、おわびをしないといけないことは出てくるものです。些細なことでも「これくらいのことで」と思わず、迷惑をかけた相手としっかり向き合って謝りましょう。相手にきちんと対応する親の姿は、子どもにいろいろなことを教えます。

今日は雄介が恵美ちゃんに
大変なことをして、すみませんでした。
恵美ちゃんの具合はいかがですか？
今度のことは、恵美ちゃんが
牛乳アレルギーでプリンが
食べられないことを、
雄介に教えていなかった私の責任です。
本当に申し訳ありません。
雄介は、恵美ちゃんと一緒に食べたくて
プリンをあげたようですが、
よく言い聞かせました。
私も注意しますので、
今回だけはどうぞお許しください。

言い分はさりげなく伝える

非のある側にも、多少の言い分はあるものです。ただし、それを口にするのはおわびをしてから。最後にさりげなく言い添えます。

弁解がましいことは言わない

おわびするときは、いさぎよく自分側の非を認め、素直に謝ることが大切。弁解がましいことを述べると、かえって相手を不愉快にします。

できるだけ早くおわびをする

おわびする必要が起こったら、電話をかけるか直接出向くかして、とにかく謝罪の気持ちを伝えましょう。

友だちにケガをさせたら子どもとおわびに伺う

自分がいないときにわが子が友だちにケガをさせたら、その日のうちに子どもを連れて謝りに行きましょう。おわびの言葉は、子ども自身からも言わせます。

病院通いが必要な場合、治療費については「こちらで負担させてください」と申し出ます。相手が辞退したときは、後日お見舞いの品を持参して、改めておわびの気持ちを伝えましょう。

ヨソの家の物を壊したらまず電話でおわびを

自分の子が友だちの家に遊びに行って物を壊してしまったら、その日のうちに電話を入れておわびし、「明日改めておわびに伺います」と伝えます。伺ったら弁償を申し出ますが、辞退された場合は壊した物に相当する金額の品物を持って、一両日中に改めておわびに伺いましょう。相手が親しいママ友で、電話で謝ったときに「気にしないで」と言われた場合でも、後日菓子折りなどを持参して誠意を示したいものです。

失言や誤解のおわびは気がついたらすぐに

親しいママ友と夢中になって話し込んでいると、うっかり口がすべって言わなくてもいいことを言ってしまうことがあります。それが相手を傷つけるようなことなら、すぐに「ごめんなさい。今失礼なことを言ってしまって」と謝り、言ったことを撤回しましょう。

誤解もよくあることですが、これについても誤解していたとわかった時点で、すぐに謝ること。自己弁護や人に責任を転嫁をせず、心から申し訳なく思っていることを伝えます。

こんなとき どうする？

許す

相手を許すということは、謝ることよりむずかしい場合があります。だから、「きちんと謝ったのに許してもらえない」ということが起こるのです。

人の気持ちは、理屈どおりにはいかないものです。ママ友から「ごめんなさい」と言われたとき、「謝ってるんだから許してあげなくちゃ」とわかっていても、素直に受け入れられないときもあります。

けれども、いつまでも許さなかったら、関係はそこで終わりです。謝罪してきた相手の気持ちも考えて、何とか許すよう努めましょう。

わかってくれたら、もういいのよ。
あの日は私もちょっとイライラしていて、
言い過ぎちゃったもの。
わざわざ来てくれて、
かえって悪かったわね。
あなたにあんなふうに言われて、
実は図星だったからカチンときたのね。
お互い今度のことは忘れましょうネ。
それより、実家からみかんが届いたの。
たくさんあるからおすそ分けさせて。
甘いわよー。

話題を切り換える

謝っている相手を許したら、その件はそれで終わり。まったく関係のない話をして、その場の空気を変えましょう。

根に持たない

言葉では許しても、いつまでも相手のしたことを忘れず、うらみに思っているのでは本当に許したとは言えません。相手が気の毒です。

相手の非をネチネチ責めない

自分の非を認めているから相手は謝っているのです。同じ許すなら、気持ちよく許してあげましょう。

反省すべき点に気づいたら「こちらこそごめんなさい」を

そのときは絶対に許さないと思っても、時間とともに冷静さを取り戻すと、相手だけが悪いとは言いきれず、自分にも反省すべき点があったのではないかと気づくことがあります。そんなときは、相手が謝ってきたときに、「こちらこそごめんなさい」と素直に言いましょう。それで２人の間は丸くおさまります。

親子で謝りに来たら、子どもにも言葉をかけて

子どもがケガをして帰ってきても、大したケガでなければ騒がないこと。子どもはケンカをしながら成長するものです。相手の親がおわびに来たら、「わざわざ恐縮です」の気持ちで受け入れましょう。

親と一緒に子どもも謝りに来たときは、必ずその子に向けても言葉をかけます。きちんと謝れば許してもらえることを学ぶいい機会です。

どうしても許せないときは正直に伝える

心に受けた傷が深くて、どうしても相手を許すことができない、それはそれで仕方のないことです。

ただ、謝ってきた相手を無視することだけはしないように。静かに謝罪の言葉を聞いたうえで、「あなたの気持ちはよくわかった。でも、ごめんなさい。どうしても今はそれを受け入れる気になれない。少し時間がほしい」と正直に自分の気持ちを話してみましょう。相手は改めて自分のしたことを反省し、了承してくれるはずです。

困った人への対応法

相手も自分も立ててストレスをためない対応を

ママ友にはいろいろな人がいて、なかには相手を振り回す困った人もいます。相手に合わせればうまくいくかもしれませんが、それではストレスはたまる一方。こんなとき、どうしたらよいのでしょう。

いちばんいいのは、相手を尊重しながら自分も主張する、つまり、「相手も立てて、自分も立つ」という考え方で接することです。

たとえば、いつも「仕事が忙しい」と言って頼んだことを実行してくれないママ友の場合、まずは彼女の仕事の大変さを聞いてあげましょう。

そして「それは確かに大変」と認めたうえで、「でもね…」と実行してくれないと困る理由を切り出すとよいでしょう。

人は、自分を認めてもらうことで相手を認める心のゆとりができるものです。

ですから、どんなに困った相手でも、まず受け入れること。その後で、こちらも言いたいことを言うのです。ただ、その言い方も、相手を傷つけない、やわらかい言い方を心がけることが大切です。

相手を認める気持ちと思いやりを持って、それを上手に表現すること。それが、困った人と上手につきあうコツです。

困った人への対応法 ①
うわさ話が好きな人

うわさ話が好きな人は、自分の話を聞く相手の反応が大きければ大きいほど喜ぶものです。さらに大きい反応を得ようと、話はどんどんエスカレートしますから、うわさ話が始まって「いやだな」と思ったら、「あ、用事忘れてた！」などと言って、その場を離れてしまいましょう。

幼稚園のお迎えのときや公園などで、うわさ話が好きな人に呼び止められた場合は、「ごめんなさい。今急いでいるの」と言って、相手にしないことです。このとき、無視するのはNG。「何よ、あの人！」と思われて、今度は自分がうわさの材料にされてしまうかもしれません。

困った人への対応法 ②
プライベートなことを聞きたがる人

他人のことに首を突っ込みたがる人に、聞かれたからといって何でも答えていたら大変なことになります。

プライベートなことに関しては、どこまでなら他人に話してもいいか、自分できちんとしたポリシーを持つようにしましょう。そして、自分自身も相手のプライバシーに踏み込まないように注意します。

話のタネを探しているような人とは、明るくあいさつする程度のおつきあいにとどめたほうがいいでしょう。相手がプライバシーに踏み込んだ質問をしてきても、「ノーコメントよ」と明るく笑顔でシャットアウトしてしまうのも一法です。

困った人への対応法③

自分のやり方を押しつけてくる人

　子育てでも何でも、人には人のやり方があります。話のついでに自分のやり方を紹介するだけならいいのですが、それを人に押しつけてくるとなると、周りが迷惑することになります。

　こういう人は、自分のやり方に絶対の自信を持っているものなので、反論しても意味がありません。「へえー、そうなんだ」とまず話を聞いてあげましょう。きちんと聞いてもらえれば、それだけでも相手は満足するものです。また、押しつけられると思うと反発したくなりますが、逆にいいアイデアがあれば参考にしようというプラスの気持ちでいると、おつきあいが楽になります。

困った人への対応法④

常にその場を仕切ろうとする人

　仕切りたがり屋の人は、横から人に口出しされるのをきらい、何でも自分の思いどおりに事を運ぼうとするものです。

　そのため、周囲の反感を買うことも多いのですが、得意分野を任せれば、このタイプほど安心して任せられる人はいません。加えて、「さすがね」「すごいわ」とほめると、いっそう張り切ってやってくれるので、ある意味扱いやすいタイプと言えそうです。

　お母さん同士のグループにこのタイプの人がいるときは、タイミングよくほめ言葉をかけながら対応するとよいでしょう。たいていの場合、それでその場もうまくおさまります。

困った人への対応法 5

貸したお金を返してくれない人

お金の催促はむずかしく、トラブルの元なので、まず原則としてお金の貸し借りはしないことです。貸す場合には、「返ってこないかもしれない」と覚悟が必要です。

貸したお金の返済を催促するときは、うっかり忘れているだけかもしれないので、相手を傷つけない言い方を心がけましょう。「忘れてるでしょ！」と、とがめるような言い方はNG。

催促は、お金に関する話が出たときに、「そういえば私、お金貸してなかった？」と今思い出したように明るくするのがいいでしょう。「あ、そうだったわね」と、相手も気分を害することなく自然に応じられます。

困った人への対応法 6

しつこく勧誘してくる人

ママ友の家に遊びに行ったら「これ、すごくいいのよ」と化粧品や日用品をすすめられ、気がついたらネットワークビジネスだった――こんなことが起こる場合もあります。相手が友だちだけに断りきれず、ズルズル引きずられてしまうケースが少なくありません。

こうした誘いを断りたいなら、はっきり「NO」を伝えましょう。「考えさせて」とあいまいな返事は禁物です。しっかり「NO」を言わないと、あとでまた勧誘されてしまいます。

「断ったら相手を傷つけるのでは」という心配は無用です。このような人は、断られるのに慣れているものです。

困った人への対応法 7

逆ギレしやすい人

約束を守ってくれない、一緒にいるときに公共マナーに反するなど、改めてほしいと思うことがあったとき、「やめてほしい」と伝えると、「なんで私がそんなことを言われなくちゃいけないの！」と怒りだす人がいます。自分の非を認めることができず、逆ギレしてしまうタイプの相手には、言い方に注意が必要。

責めるのではなく、軽くお願いする口調を心がけましょう。「やめてほしい」ではなく、「こうしてくれたら私はうれしい」とプラスの表現でお願いすることで、相手も言われたことを素直に受けとめることができ、お互いにぎくしゃくせずにすみます。

困った人への対応法 8

グチばかりこぼす人

グチをこぼされるのは、「この人なら何でも聞いてくれそうだ」という思いが相手にあるからです。それだけ気を許してくれているのですが、いつも暗い話題ばかりで、アドバイスしてあげても状況が改善されないのでは、つきあいきれないのが本音でしょう。

そこで、できるだけ距離を置くようにするのがよいのですが、いきなり冷たい態度をとると、こういう人はそれを根に持つ傾向があります。「いろいろ話を聞いたけど私じゃ力になれそうもないのよね」など、「問題を解決してあげられなくてごめんなさい」という言い方をすれば、うらまれることはないでしょう。

困った人への対応法 9

一方的に親友だと思い込んでいる人

自分ではママ友のうちの一人だと思っているのに、相手から一方的に親友だと思われていることがあります。

相手が「この人は私のことをわかってくれている。親友だ」と思うような何かを、あなたが持っているのかもしれません。

好意を持ってくれるのはありがたいことですが、こういう相手は、独占欲と依存心が強いもの。常に一緒に行動したがったり、ほかの人と仲良くするのを阻止しようとしたりして、あなたのペースを乱します。

対策としては、とにかく間に適度な距離を置くこと。ほかにも友だちがいることを、さりげなく伝えておきましょう。

困った人への対応法 10

頻繁に携帯メールを送ってくる人

携帯メールは、ママ友同士の連絡ツールとして今や欠かせません。ただ、メールのやりとりで生活のペースが乱されるようでは、明らかにやりすぎ。頻繁なメールが負担になってきたら、思いきって返事を短くしてみましょう。「了解」「ＯＫ」「詳しいことは明日」など、用件だけを簡単に伝えるようにします。

「ずいぶんそっけない返事ね」と言われても、繰り返し同じような返事をしていれば、相手は「この人からの返事はこういうもの」と思うようになります。そして、もっといろいろ返事を返してくれる相手を見つけて、そちらにメールを送るようになるものです。

電話とメールを使い分けよう

それぞれの長所・短所を知って上手に使い分ける

ママ友同士で連絡を取り合う方法といえば今は電話より携帯メールが主流ですが、どんな場合でもメールでOKかというと、そんなことはありません。メールは便利ですが、自分では用件を伝えたつもりでも、相手がメールを見なければ伝わりません。伝えたい用件や相手との関係、相手の生活スタイルを考えて使わないと、ミスが起きたり、マナー違反になったりすることがあります。

メールにも電話にも、それぞれ長所と短所があります。いちばん合った方法を選びましょう。

携帯メールで注意したいこと

深夜の送信を避ける

ママ友同士のおしゃべりメールでも、時間を考えて送るのがマナー。

簡潔にまとめる

小さな画面で読む携帯メールでは長文はＮＧ。

“メール中毒”に注意

どちらかがやめない限り延々と続くもの。やり過ぎには要注意。

緊急連絡に使わない

相手がすぐ読むとは限りません。緊急の場合は電話で。

PART 2

ご近所のおつきあいとマナー

ご近所づきあいってどういうもの？

子どもがいる家庭にとって ご近所づきあいの意味は？

「遠い親戚より近くの他人」と言われるように、何かあったときにお世話になるのは、やはりご近所です。

子どものいる家庭であれば、なおさらご近所との交流が必要です。

ご近所づきあいが生活の一部として当たり前に行われていた昔は、ヨソの子もウチの子も一緒に育てる感覚で子育てをしていました。個人の生活を大事にする今の時代では無理な話ですが、隣近所との関係が良好であれば、ご近所の目は温かく子どもを見ていてくれるものです。

子どもをめぐる物騒なニュースが多い今、ご近所とのよい関係づくりは、何かあったとき手を差し伸べてもらえる環境づくりでもあります。

ご近所づきあいがあるかないかで、子どもが迷惑をかけた場合の相手の反応も違ってきます。人間は不思議なもので、見知らぬ子どもの騒ぎ声や足音はどこまでも騒音でしかありませんが、よく知っている子どもがたてた音には、「今日も元気だな」と思ったりするものです。

もちろん、そのように好意的に思ってもらうためには、初対面の段階で子どもが迷惑をかけるかもしれないことと、申し訳ないという気持ちを伝えておくことが大切ですし、日ごろから「いつもすみません」とい

うおわびの気持ちを表現するのを忘れないことです。

　さらに、ご近所づきあいをすると助かるのは、ママ友からは得られない情報や経験に基づいたアドバイスを、さまざまな年齢層の人から得られることです。周囲には、中学生や高校生のいる家庭もあれば、子育てを終えた家庭もあるでしょう。いわばベテランのママたちがいるわけですから、困ったときにすぐ相談に乗ってもらう相手として、これほど頼りになる存在はないと言えます。

顔なじみを増やすには地域行事への参加が近道

　ご近所づきあいの第一歩は、ひと言のあいさつです。「おはようございます」「こんにちは」という基本的なあいさつを子どもにも教えながら、親子でご近所とのいい関係を築きたいものです。

　とはいえ、毎日出かける時間帯や歩く道などは、その人なりにほぼ決まっているのが普通です。出会う人の顔ぶれも、だいたい同じようなものでしょう。

　ベテランのママたちと出会い、なじみになるためには、地域ごとに行われる自治会や子ども会の行事に参加するのがいちばんです。そもそも行事の目的が住民同士の親睦を深めることなので、ご近所づきあいを円滑にする機会として、大いに利用するとよいでしょう。

　行事に参加することは、子どものためにもなります。地域の大人とふれあい、ほめられたり注意されたりして育っていくのが、本来の子どもの姿です。

引っ越しのあいさつは一家そろって

円滑なご近所づきあいは最初の印象が決め手

引っ越してきたら、まずは隣近所へあいさつに伺います。なるべくその日のうちに、家族そろってあいさつに行きましょう。

あいさつは、「はじめまして。今日、隣に越してまいりました○○と申します」に続いて、家族構成やどこから越してきたかなどを話します。初対面ですから、言葉づかいは丁寧にしましょう。

町内会の集会や行事など、地域の決まりごとや習慣がある場合は、教えてもらえるようにお願いしておきましょう。

好印象を与えるポイント

名刺代わりの品を持参

手軽な実用品を持参し、あいさつして渡します。石けんやタオルなど、500円から千円程度の品を。

忙しい時間帯は避ける

伺うのは夕方の忙しい時間や食事中は避けます。午後9時までには終わらせましょう。

家族そろってあいさつ回り

みんなで伺い、一人ひとり紹介します。先方にも小さい子どもがいる場合、すぐ友だちになれることも。

服装は普段着でOK

ジャージや短パンなど、くだけすぎる格好でなければ、普段着でかまいませんが、やや改まった服装だと丁寧な印象を与えます。

あいさつ回りの範囲

一軒家の場合

少なくとも両隣と正面のお宅にあいさつを。できれば向かい３軒にもあいさつしましょう。裏の人とも顔を合わせる機会が多いようなら、そちらにもあいさつします。自治会や町内会など世話役のお宅にも。

集合住宅の場合

マンションやアパートの場合は、両隣と上下階の部屋、管理人にあいさつ。とくに管理人にはお世話になることが多いので、印象よく、きちんとあいさつしておきましょう。

あいさつのときに伝えておきたいこと

迷惑をかけてしまうかもしれない事情がある場合は、前もってそのことを相手に伝えておきましょう。

小さい子どもがいる

子どもを紹介し、騒がしくして迷惑をかけるかもしれないことを話します。十分気をつけるが、気に障ることがあったら遠慮なく言ってほしいということも、必ず言い添えましょう。

ピアノを弾く

ピアノやバイオリンなど、楽器の音は他人には雑音です。練習するときは窓を閉め、音がもれないようにすることなどを伝えると相手も安心します。夜の練習は何時までならＯＫかなども聞いておくとよいでしょう。

ペットを飼っている

ペットＯＫのマンションなどでも、周りへの配慮は忘れずに。引っ越しのあいさつの際にペットを飼っている旨を伝え、迷惑をかけたらすぐに教えてほしいとお願いしましょう。

「感じのいい人」になるためのちょっとしたひと言

ひと言をプラスするだけでふれあいが深まる

ご近所の人に道で会ったとき、「おはようございます」や「こんにちは」と短いあいさつをするだけでもよい印象を与えますが、その言葉に「暖かくなりましたね」などのひと言を加えてみましょう。親近感が感じられるあいさつになり、相手からも「こんにちは、本当に暖かくなりましたね」と共感するあいさつが返ってくるはずです。

ちょっとしたひと言が、ご近所づきあいの潤滑油になるのです。

基本は「あいさつ＋天候の話」

あいさつにプラスするひと言で多いのは、天候などのだれとでも共感できる話。暑い日に「暑いですね」と言い、寒い日に「寒いですね」と言うだけでも、ただの「こんにちは」よりずっと心が通い合います。

おはようございます。けさもよく晴れてますね
こんにちは。雨が上がってよかったですね
こんにちは。台風が近づいているようですけど、何だか曇ってきましたね
こんばんは。ずいぶん日が短くなりましたね
おはようございます。夕べの地震、すごかったですね
こんばんは。夕立ちのおかげで、涼しくなりましたね

いろいろな場面でのちょっとしたひと言

どこかへ出かける人に

「どちらへお出かけですか？」は詮索がましいのでＮＧ。見送る気持ちで声をかけます。

「こんにちは。お出かけですか。どうぞお気をつけて」

エレベーターで会った人に

箱の中で黙っているのは気づまりなもの。こんなとき使えるのは、やはり天候の話。

「こんにちは。今日も暑いですね。いつまで続くんでしょう」

庭仕事をしている人に

いつも花をきれいに咲かせているお宅なら、花は格好の話の材料に。

「こんにちは。きれいなお花ですね。私も娘も、この道を通るのが楽しみなんですよ」

犬を散歩させている人に

ペットは、飼っているお宅では家族の一員。ほめられればうれしいものです。

「こんにちは。お散歩ですか。かわいいワンちゃんですね」

回覧板を回した人に

回覧板を回すお宅は決まっています。いつも会う人だからこそ、ひと言を大切に。

「こんばんは。おくつろぎ中にすみません。回覧板です。桜祭りのお知らせですけど、今年はお天気どうでしょうね」

ご近所トラブルを防ぐために

トラブルの元になることは「絶対しない」心がけを

積極的なあいさつでご近所の人との関係をよくしようとしても、迷惑なことをしていては何にもなりません。トラブルを防いで、お互いに快適な環境作りを心がけたいものです。

ご近所とのトラブルの元になりやすいのは、主に騒音です。とくに集合住宅では、上の階の物音は思った以上に階下に響くので、注意が必要です。

集合住宅に住んでいる以上、多少の物音はお互いさまですが、とくに深夜や早朝などは迷惑にならないように気をつけなければなりません。

トラブルの原因と防止法

子どもの走り回る音、騒ぎ声

集合住宅でフローリングの床なら、カーペットを敷いたり壁側に家具を置くなど防音対策を。階下や両隣のお宅には、折にふれて申し訳ない気持ちを伝えておきます。

早朝や深夜の掃除、洗濯

自分の家では起きていても、人が寝ている時間に掃除機や洗濯機を使用するのは控えましょう。入浴の音も、集合住宅だと排水管を通って階下に響くので要注意。

楽器やテレビの音

楽器を演奏するときは、朝は8時以降、夜は9時までが常識の範囲。窓は必ず閉めましょう。テレビも、夜9時を過ぎたら音量を下げること。

植木の水やり、庭木の落ち葉

集合住宅でベランダの植木鉢に水をやるときは、階下のお宅に布団などが干されてないか確認を。一軒家では、隣家に張り出した庭木の枝を切って、落ち葉で迷惑をかけないように。

共有スペースの占領

マンションの廊下や階段は住民共有のスペース。自転車やダンボール箱を置くなど、私物置き場にするのは厳禁。

ゴミ出し

自宅前のスペースがゴミの集積所になっているお宅の迷惑を考え、ゴミは収集日に出すのがルール。分別の仕方は地域によって違うので注意しましょう。

ペットの鳴き声、におい

飼い主には気にならなくても、ペットを飼っていない人にとって、動物の鳴き声やにおいは気になるものです。万全の対策をし、折にふれて迷惑をかけていないか確認するなどの心配りを。

ご近所トラブルQ&A

Q 隣の犬が、朝早くから鳴いてうるさい。子どもも起きてしまうし、何とかしてほしい

A 飼い主は、自分の家で飼っているペットの鳴き声はうるさく感じないものです。ペットだけでなく、近所の騒音に対しては、苦情という形ではなく、「よく騒音がするが隣人として心配だ」というスタンスで事情をたずねてみましょう。相手も迷惑をかけたことに気づき、「うるさくして悪かったな」と思ってくれるでしょう。

Q ベランダに布団を干しておいたら、隣の子どもに水鉄砲で水をかけられた。これで2度目なのでやめさせたい

A 子どものすることは大目に見てあげることも必要ですが、いたずらが２度目ということなら、お母さんに注意してもらいましょう。いたずらをして騒ぐ大人の反応がおもしろいのかもしれません。悪気はないとしても、この場合は「○○ちゃんの水鉄砲、ウチの干していた布団のほうまで飛んできちゃって」と笑顔で言いましょう。常識ある人なら「あら、気がつかなくてすみませんでした」と謝り、子どもにも注意してくれるはずです。

Q ご近所から、お宅の子どもがウチの犬にお菓子を食べさせるので困ると言われた。犬好きの息子は、おやつを残して与えていたようだ

A 子どもが悪気なくやったことであっても、苦情は当然として受け止め、丁寧におわびしましょう。子どもにも謝らせて、その家にはその家のルールがあることを教えます。このような、子どものやさしい気持ちから起こったことには、やさしく注意してあげましょう。

Q ウチの子は、泥んこ遊びで汚れた手を、ご近所のブロック塀になすりつけていたらしい。注意してほしいと苦情がきた

A 子どもがいたずらをした場合は、まず子どもに事実を確認し、その日のうちに親子でおわびに伺います。補修や修復が必要なケースでは、必要な用具を持参し、原状回復する意志があることを示しましょう。この作業は、必ず子どもにも手伝わせます。子どもにやらせることで「悪いことをした」という自覚を持たせます。

PART 3

園・学校との
おつきあいとマナー

園・学校ってどんなところ？

幼稚園・保育園

わが子を初めて集団生活に入れるときは、どんなお母さんでも「ウチの子は大丈夫かしら？」と心配に思うでしょう。でも、あまり心配しなくて大丈夫。いつも一緒にいるお母さんの目から見れば、「この子は私がいないと何もできない」と見えるかもしれませんが、子どもは子どもなりに、ほかの子から刺激を受けてがんばるものです。温かく見守ってあげましょう。

「園の先生は若くて、未婚の人が多くて心配」と言うお母さんもいます。でも、先生は子どもを預かるプロですから、安心して託しましょう。先

幼稚園・保育園ってどんなところ？

幼稚園

幼児が受ける最初の教育の場で、文部科学省の所管。保育時間は４～５時間程度で、昼食はお弁当と給食の両方というところが多いようです。保育園と違い、お昼寝はありません。

保育園

乳幼児を保護者に代わって保育するところで、厚生労働省の所管。保育時間は原則として１日８時間（延長保育あり）。家にいるときのように、お昼寝やおやつの時間もあります。

先生、保育士さんを信頼して任せる

幼稚園の先生は、教育免許を取得している幼児教育のプロ。保育士さんも同様に、資格を有しているその道のプロです。多くの子どもと接し、さまざまなケースを経験しているので、過度に心配せず、信頼して任せましょう。

生への尊敬の気持ちも忘れないようにします。

小学校

義務教育のスタートとなる小学校入学は、子どもにとって大きな節目です。お母さんにとっても、毎日の送り迎えやお弁当作りから解放され、一つの区切りとなるでしょう。

楽にはなりますが、幼稚園や保育園のときのように、先生や親同士と毎日顔を合わせるわけではないので、外での子どもの様子がわからなくなります。必要な情報を得るには学校やほかのお母さんたちと積極的にコミュニケーションをとり、スムーズな関係を築いていくことが大切です。

子どもの行動範囲もどんどん広がります。暖かくも厳しい目で見守りたいものです。

小学校はこんなところ

環境が一変

入学すると、生活は学校中心に動くようになります。朝は遅刻しないように送り出してやることはもちろん、幼稚園・保育園時代のように簡単に家の都合で欠席させることはむずかしくなります。また、宿題を出されるようになりますし、学期ごとに「通知表」で学習状況や生活態度を評価されます。

担任の先生には感謝の気持ちを

子どもは、学校にいる長い時間を、担任の先生と一緒に過ごします。その先生の悪口を、子どもの前で言うようなことは絶対にやめましょう。親は先生に対して、子どもがお世話になってありがたいという気持ちで接し、できる限り密に連絡を取り合って両者で子どもをサポートしていくようにします。

入園・入学式はふさわしい服装とマナーで

セレモニーにふさわしい装いを

入園・入学式は、一生の記念になる大切な日。豪華にする必要はありませんが、厳粛さを心がけた服装で臨みたいものです。

子どもは制服があれば、それが式服となります。ない場合は、できればフォーマル感のある服装を。その後も冠婚葬祭や発表会などに着て行けるデザインを選べば、ムダにはなりません。レンタルやリサイクルを利用するのも賢いやり方です。

お母さんの服装はスーツが圧倒的に多く、少数ながらワンピースや着物の人も。服の色は紺やグレーが無難ですが、春らしい色合いのパステルカラーも人気です。お父さんは、ふだん着ているビジネススーツでかまいません。

入園・入学式はわが子の一生に一度の晴れがましい式です。厳粛な気持ちで式に臨みましょう

式場内をうろつく

ビデオやカメラにわが子の晴れ姿をおさめようとウロウロしている保護者は、目障りなものです。

式の最中に立ち上がる

保護者席は、子どもたちの席の後方に設けられます。わが子見たさに立ち上がるのは周りに迷惑。

拍手をしない

新入生入場のときは、全員で拍手をして迎えます。自分の子どものときだけでなく、入場が終わるまで温かい拍手を。

入園・入学式での服装

お母さんの服装

定番の紺、グレーのオーソドックスなスーツ、パステル調のスーツやワンピース。色はアイボリーも人気。和服なら訪問着、付け下げなど。

- **髪**…長すぎる髪はまとめたほうがすっきりします。中途半端な長さの髪も同様。
- **小物**…地味目な色合いのスーツでも、スカーフやアクセサリーでおしゃれに演出。
- **顔**…メイクはナチュラルに。
- **香り**…香水の香りがプンプンするのはNG。つけるなら、ほんのり香る程度に。
- **バッグ**…洋服と靴に合ったものを。
- **ストッキング**…色は服装に合ったものか、自然な肌色。伝線していないかチェック。

お父さんの服装

ダークスーツかビジネススーツ。カジュアルなジャケットでもOKだが、夫婦で出席する場合は2人のバランスを考えて。

- **髪**…クシやブラシで十分整える。
- **ネクタイ**…なるべく明るめの色を。
- **ズボン**…ヨレヨレはNG。折り目をきちんとつける。
- **靴下**…服の色に合わせる。スーツを着たら綿ソックスは避けて。
- **靴**…黒が基本。ビジネス用のフォーマルなものを。

男の子の服装

スーツまたはブレザーにネクタイ、半ズボン。
色は紺、グレーが多い。

- **髪**…寝ぐせがついていないかチェック。
- **ネクタイ**…慣れていないので苦しくないように。
- **ソックス**…ハイソックスの場合はずり下がりに注意。
- **靴**…スーツを着たら運動靴はNG。革靴を。

女の子の服装

ワンピースにボレロ、ブレザーにスカートなど。

デザインはシンプルなほうが好印象。色は紺、グレーのほか、パステルカラーにしても。

- **髪**…長い場合はまとめたほうが顔がはっきりする。リボンや髪どめは服に合ったものを。
- **タイツ**…はかせる場合は、ひざから下がたるまないように。
- **靴**…革靴。服に合ったエナメル靴でも。

行事の内容に合った服装とマナーで

何の目的で行くのかを考えて

入園・入学すると、園や学校に出かける機会がたびたびあります。そのときに悩むのが、「何を着ていこうか」ということです。

授業参観や懇談会に出かけるときのお母さんの服装は、園・学校や地域によってかなり違います。近所へ買い物に出かけるようなラフなスタイルが多いところもあれば、ほとんどがスーツ姿というところも。迷うようなときは、先輩ママに聞いてみるとよいでしょう。

基本的に、園・学校へ出かけるときの親の服装に決まりはありません。TPOに合わせるという考え方で、運動会ならスポーティーなもの、授業参観には落ち着いた印象のものが適しています。

TPOに合った服装を

授業参観・個人面談

ヒラヒラしたファッションは遠慮するのが常識。きちんとして落ち着きのある服装であれば、スーツにこだわる必要はありません。ブレザーやジャケットに、スカートかパンツを組み合わせても。

学芸会・おゆうぎ会

スカートでもパンツでもかまいません。堅苦しい感じのものより、上手におしゃれを取り入れた自分らしい服装を工夫しましょう。場所がらをわきまえ、華美になりすぎないように。

運動会・遠足

動きやすさを考えて、スカートよりパンツがおすすめ。ふだん愛用しているGパンでもOKです。その日の天気に合わせ、カジュアルなジャケットやベストを組み合わせましょう。

小学校の授業参観でチェックすること

授業参観にお母さんが来てくれると、子どもはうれしいもの。できるだけ出席して、わが子の授業態度やクラスの雰囲気を見ておきましょう。

教室全体の様子

自分の子や先生の教え方だけを見ているのではなく、教室全体の雰囲気をつかんでおきましょう。家にいて子どもの話を聞いたときに、すぐ状況が頭に浮かびます。

先生と子どもたち

先生と子どもの関係は大切。子どもがのびのびとやりとりしているか、かみ合わないところはないか、観察しましょう。

子どもの友だち

休み時間に子どもがだれと話しているか、顔と名前を覚えておきたいもの。子どもが友だちの話をしたときに、感じ方・受け取り方が全然違ってきます。

NG 携帯電話の電源を切り忘れる

NG カメラつき携帯でわが子を撮る

NG お母さん同士でおしゃべりする

NG 自分の子どもに声をかける

子どもの友だちとどうつきあう？

子どもなりの人間関係を尊重する

どこへ行くにも母親のあとをついて回っていた子どもでも、園や学校に入り、子どもなりの人間関係ができてくると、しだいに自分の意思で行動するようになります。

親のほうも子どもの都合に合わせなければならない必要が出てきます。「言うことを聞きなさい！」と無理に従わせようとしても、「だって○○ちゃんと遊ぶんだもん！」と〝自分〟を主張するでしょう。

親としてはやりにくくなりますが、これも成長のあかし。衝突しないようにそのつど話し合い、子どもを信じて行動を見守りましょう。気がついたことがあればアドバイスしたり、さりげない軌道修正をしてあげることです。

親としてやってはいけないこと

✖子どもの友だちの悪口を言う

今日ウチに来た子、
ずいぶん暗い感じね。
もっとおもしろい子、
いないの？

✖友だちの前で子どもを叱る

どうして頼んだこと
やっててくれないの？
いつもそうなんだから！

✖子ども同士の約束を無視する

明日、
エリちゃんと
遊ぶ約束したの
そんなの、いいわよ。
明日はおばあちゃんちに
行くのよ

子どもと友だちのトラブル Q&A

Q 子どもから「いじめられた」と言われた

A すぐに“いじめ”と決めつけて騒ぎ立てるのは早計です。どんな状況だったのか詳しく話を聞き、また同じことがあったら教えるように言って様子をみましょう。本当にいじめを受けているケースもあるので、子どもの様子が深刻な場合には感情的にならず、冷静に周囲の人に様子を聞いてみましょう。いじめを受けている子は、その事実をなかなか口にしないこともあり、ケンカかいじめかの判断はむずかしいものです。

Q 子どもが友だちとケンカをした

A 子どものケンカに親が口を出すのは、基本的に控えるスタンスでいたいもの。また、ケンカを通して、子どもは人とのかかわり方を学びます。「やめなさい！」と止めたのでは、せっかくの学ぶ機会を失わせることになります。解決は子ども自身に任せ、親は子どもが何か言ってきたときだけアドバイスすれば十分です。

Q ウチにばかり友だちが遊びに来る

A 家で遊ぶのは、友だちの家と自分の家とで半々にしてほしいものですが、相手の家庭が共働きなどでそうもいかない場合は、子どもと話し合って「友だちを呼んでいいのは火曜日と金曜日。5時まで」と約束ごとを作りましょう。決めたことを守らないときがあったら、そのつど約束を守ることの大切さを教えます。

Q 遊びに来た友だちがなかなか帰らない

A 前もって子どもと「5時になったら遊ぶのをやめる」とルールを決めておき、家に来た子全員に、「わが家にはこういうルールがあるの。きちんと守って遊んでね」と最初に約束させましょう。10分前になったら「そろそろよ」と声をかけ、片づけを促すようにするとあわてさせなくてすみます。

先生とは連絡を密に

連絡は連絡帳か電話で

園や学校の先生に知らせたいことがあるとき、あるいは知っておいてほしいことがあるときの連絡方法は、電話か連絡帳が一般的です。ただ、とくに小学校の場合、クラス全員の子どもの面倒を1人で見ている先生は忙しいので、緊急の要件があるとき以外は、できるだけ連絡帳を使ったほうがよいでしょう。

連絡帳は、先生と家庭の大切なコミュニケーションツールです。手軽に使えるので、欠席や早退を連絡するときだけでなく、子どもに関して気になることを知らせたり、園・学校での子どもの様子を知りたいとい

幼稚園・保育園への連絡

送りがてら口頭でも

都合でお迎えの時間が変わるなどの連絡は、連絡帳に明記します。子どもを園に送っていった際に先生と顔を合わせた場合は、口頭でもその旨を伝えておくと安心です。

保育園の場合は連絡帳のやりとりが日課

働くお母さんに代わって子どもの世話をしている保育園では、園にいる間の子どもの様子を細かく連絡帳に書いて渡してくれます。お母さんのほうも家での様子のほか、毎朝の体温、食欲の有無、気がついたことなどを記入します。

諸連絡は電話が中心

園児の受け入れが終わって1日のスケジュールが始まるのは8時半ごろ。園によって異なりますが、休園や遅刻などの諸連絡は、それまでに電話ですませるのが一般的です。

NG　気になっている事柄を送り迎えのときなどに先生に短く話すのはいいのですが、先生を独占するのはNG。長くなりそうな話は、時間をとってもらって伝えましょう。

うときなどに大いに活用しましょう。
先生にとっても、お母さんとコミュニケーションが十分とれていると頭に情報が入っているので、子どもと対応しやすいことがあるようです。

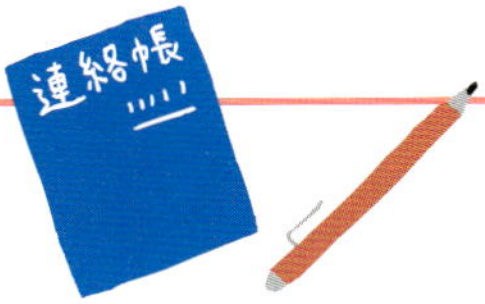

連絡帳には用件だけを書く

先生あてに書く手紙では、用件に入る前に「いつもお世話になっております」といったあいさつを書くのが普通ですが、連絡帳では省略します。用件から書き始めてかまいません。

用件も、ダラダラとした文章にならないように、簡潔にまとめるのがルールです。限られた時間内に、提出された連絡帳すべてに目を通し、返事を書く先生の忙しさを思いやりましょう。

簡潔にといっても、「本日風邪のため欠席」「個人面談は月曜か水曜の3時以降を希望」のような書き方では事務的すぎます。日ごろ子どもがお世話になっている先生に書くのですから、「です」「ます」調の文体で敬語もきちんと使うのが礼儀です。

小学校への連絡

欠席の場合は連絡帳を届けてもらう

学校を欠席するとき、集団登校の場合は登校班のだれかに連絡帳を預け、担任の先生に渡してもらいます。集団登校でない場合は、近所の友だちに届けてもらいましょう。遅刻を連絡するときも同じです。

プライベートな内容は手紙で

連絡帳は多くの人の目に触れる可能性があります。人に知られたくないプライベートな内容は、手紙に書いて封筒ごと連絡帳にはさむとよいでしょう。また、「最近子どもの様子がおかしい。学校で何かあったのでしょうか？」などの内容も、手紙を使って連絡したほうが賢明です。

電話連絡は極力避ける

親にとっては電話で連絡するのがいちばん簡単ですが、その1本の電話のために、先生は職員室に駆けつけなければならないときも。緊急のときを除いて、連絡は連絡帳で行うのが基本です。

相談する

子どもの様子の変化には、敏感な親でありたいものです。気になる事柄があれば、小さなことでも気軽に先生に相談してみるのがよいでしょう。すぐに解決策が見つからなくても、園や学校での様子を知る先生からアドバイスをもらえることもあります。こんなときこそ、連絡帳を役立てましょう。

いじめや家庭の問題など、深刻な相談をしたいときは、先生に直接会って話をするのがベストです。ただし、放課後でも先生には実務がありますから、突然、園や学校に行くのは避けなければなりません。連絡帳を使って相談したい旨を伝え、いつごろうかがったらよいか、まずは先生の都合をたずねましょう。

面談を申し込むとき

面談の日時は先生の都合に合わせる

申し込んだほうが相手の都合に合わせるのは常識。仕事などでこちらにも都合がある場合は、「勝手ながら月、水、金曜の5時以降にお願いできますでしょうか」のように書きます。

都合が悪くなった場合は、早急に連絡帳でその旨を知らせ、改めて日時を決めます。

面談の時間は1時間以内に

面談するのは自分だけだからといって、時間の経過に無頓着では困ります。できれば30分、長くても1時間以内には切り上げましょう。

いじめや不登校の問題は、1回の面談で解決するのはむずかしいでしょう。最初は状況を報告し、先生から情報を得ることにポイントを置きます。

相談の大まかな内容を伝えておく

連絡帳で面談の申し込みをするときは、ただ「ご相談したいことがあります」だけでなく、どんな相談なのか内容を簡単に記しておきます。

子どもや他人に見られたくないときは、手紙を書いて封筒に入れ、連絡帳にはさんで子どもに持たせます。

園長・校長先生に相談にいくとき

子どもに何か問題が起こったとき、担任の先生に相談して早期解決を図るのが常道です。

けれども、先生が明確な対応をしてくれなくて問題が深刻化した場合や、先生と家庭で手に負えない場合、問題の原因が先生自身にある場合などは、園長・校長先生に相談することが必要になります。

園長・校長先生は最高責任者ですから、問題解決に向けて協力体制を整えるなど、園・学校全体を動かす力を持っています。ですから、親にとっては非常に頼りになる存在と言えます。

ただ、保護者が園長・校長先生に相談にいくというのは、担任にとって愉快なことではありません。場合によっては、担任との関係が悪くなることを覚悟する必要があります。

相談するときの注意点

別の先生を引き合いに出さない

前に同じテーマで別の先生に相談したことがある場合、その事実を話すのはいいのですが、対応のしかたを比較するような言い方は避けましょう。

相談するテーマを絞る

前もって先生に伝えてあるテーマのほかに、ついでのようにあれもこれも相談するのは考えもの。いちばん解決したいことへの本気さが疑われかねません。

個人名を出すときは要注意

事実がはっきりしていないときは、子どもの友だちの名前を軽々しく出さないようにしましょう（とくにいじめや非行に関すること）。

"相談"の姿勢を崩さず冷静に話す

話の内容によっては感情的になりそうなときがあるかもしれませんが、抗議ではなく、相談に来ていることを忘れずに。

感謝を伝える

日ごろ子どもがお世話になっている先生には、いつも感謝の気持ちを持って接したいものですが、お中元やお歳暮の時期になると、「先生には贈らなくていいの？」と悩む人もいるかもしれません。

基本的に、盆暮れの付け届けは不要です。とくに公立学校では、申し合わせにより、原則的に保護者からの贈答品は受け取らないことになっています。

それでも贈られた場合は、丁重な断りの手紙を添えて送り返したり、同額の品や商品券などを贈り返す先生が多いようです。好意からとはいえ、先生を困らせることのないようにしましょう。

先生に感謝を伝えるなら、物より〝心〟です。顔を合わせたときに丁寧にお礼を述べるのもいいですし、心のこもった年賀状や暑中見舞いを出すのも喜ばれるでしょう。

感謝の気持ちを伝える方法

先生がもらってうれしいもの

- **年賀状**…子どもの手書きのものはとくに喜ばれます
- **暑中見舞い**…夏休み中なので近況報告を添えて
- **お礼状**…とくにお世話になったときのお礼を手紙ですると、改まった感じで気持ちが伝わります

先生がもらって困るもの

- ✖ お中元やお歳暮
- ✖ 各種お祝い品（結婚・出産・新築祝いなど）
- ✖ 香典（身内の不幸に際して）

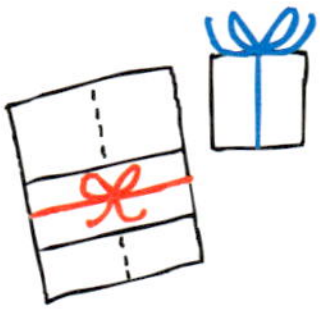

クラス全員で感謝を伝えるには

学年末になると、保護者の間からお世話になった先生に感謝の気持ちをこめて記念品を贈りたいという声があがることがあります。その場合、クラス役員が記念品代として保護者から志を集めるのが一般的（1人100～200円程度）。

- **花束**…先生の好きな花がわかっていればそれを贈りましょう
- **寄せ書きしたアルバム**…先生へのひと言メッセージを親子で
- **サプライズプレゼント**…何を贈るかは、先生の趣味を知っている子どもたちに聞いて決めるのもいいでしょう

お礼の言葉の具体例

お世話になったお礼も連絡帳で

連絡帳は、欠席や遅刻などの届け出や、困っていることだけを書くものではありません。個人的にお世話になったことがあれば、お礼の言葉を書いて感謝の気持ちを伝えましょう。こんな対応がうれしかった、というのでもOKです。ただし、長々と書かないように。

昨日、翔太が帰ってくるなり「やった、やった」と大騒ぎしました。クラスで1人だけできなかった逆上がりができるようになったとのことで、これも日ごろ先生が「あきらめるな」と温かく励まし続けてくださったおかげと、うれしく存じております。ありがとうございました。

ふだん娘は自分から学校のことを話すことはあまりないのですが、昨日は国語の音読を先生にほめてもらったと、とてもうれしそうに話してくれました。もともと国語は好きな娘ですが、今日のことがあってますます好きになったようです。今後ともよろしくお願いいたします。

昨日は朝礼中に具合が悪くなり、保健室でしばらく休んでいたと娘から聞きました。ご迷惑をおかけしましたのに、先生にはいろいろお気づかいいただきましたそうで、本当にありがとうございました。おわびかたがたお礼申し上げます。

“友だち言葉”でのお礼は失礼！

幼稚園、保育園では担任の先生が自分よりもずいぶん年下で、経験が浅いということがあります。

その場合でも、先生に対しては丁寧な話し方をするのが礼儀です。若い先生には話しかけやすい雰囲気がありますが、懇意になったからといって友だち言葉を使うのはやめましょう。親しみをこめているつもりでも「ねえ、ねえ」といった言い方では、あまりにもけじめがなさすぎます。

子どもがお世話になっている先生に対して、大人として恥ずかしくないあいさつを心がけましょう。

抗議するときは冷静に

　ささいなことですぐ先生や園・学校に文句を言うのは慎みたいことですが、子どもと先生の間にトラブルが生じて子どもが傷ついた、などの場合は、親として静観してはいられません。連絡帳や手紙を通じて先生との話し合いを要求し、事情を聞いて早急に対処する必要があります。
　保護者が先生に抗議するのは、主として先生から子どもに不適切な対応があった場合や、相談しても明確な対処をしてもらえない場合です。
　子どもかわいさから感情的になり、一方的に先生を非難してしまいがちですが、抗議は先生をやりこめるためではありません。子どものためにベストな解決方法を探すためですから、冷静に行動しましょう。

抗議するときの注意点

要望を明確にする
相手を非難するだけでは事態の解決になりません。どうしてほしいのか、要望を明確にしておく必要があります。

第三者の意見を聞いておく
わが子に起こったトラブルだけに、冷静な判断ができないことも。客観的に考えられる第三者（信頼できる先輩ママなど）の意見を聞いておくとよいでしょう。

子どもの言い分を一方的にうのみにしない
ケガをした子どもが「○○君にやられた」と言っても、それが必ずしも事実とは限りません。一方的にうのみにするのはやめましょう。

抗議するのはこんなとき

先生から子どもに不適切な対応があった

- 忘れ物をしたら体罰を受けた
- 身体的特徴を指すあだ名で呼ばれた
- セクハラを受けた
- 言葉の暴力を受けた　など

↓

抗議の手紙を出して猛省を促す。あるいは事情説明を求める

友人や学習についてなど学校生活での問題

- 仲間はずれにされている
- 持ち物がなくなる
- 授業の内容に関する質問を受けつけてくれない　など

↓

抗議の手紙を出して面談を申し込む

↓

クラス全体にかかわる問題なら、懇談会の席で議題として提案し、お母さん同士で意見を出し合う

↓

お母さんの代表者が担任と話し合う

↓

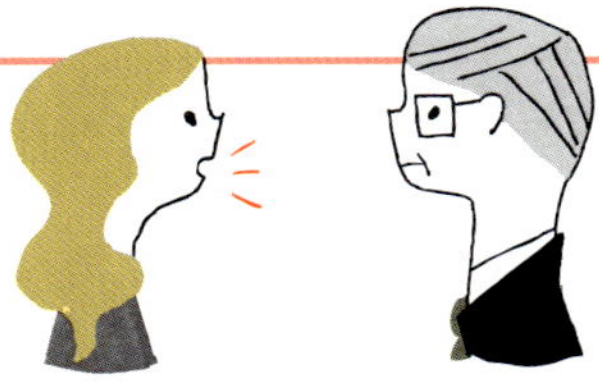

どうしても問題が解決しない、誠意が感じられないというときは園長・校長先生へ相談

家庭訪問では忙しい先生に配慮する

小学校で家庭訪問が行われるのは、一般的に5月の中旬から末にかけてです。新学期が始まって間もないので、先生は受け持った子どものことを完全にわかっているわけではありません。

家庭訪問は、通学路や家の位置を確認し、家庭の環境、子どもの家での様子などを知ることで、子どもをより理解しようという目的で行われます。

家庭訪問の時間は、1軒10～20分程度と短いのが普通です。最近は、事前に学校から「茶菓の接待はご遠慮申し上げます」といったプリントが配られることが多く、家に上がらず、玄関先ですませる先生もいます。

家庭訪問のときの注意点

時間が長引かないように配慮を

先生は1日に10軒近い家庭を訪問することもあります。要領よく話をしないとタイムオーバーになり、そのあと訪問する家庭と先生に迷惑をかけることに。

聞きたいことをメモしておく

10～20分程度の時間しかないので、あらかじめ聞きたいことや伝えたいことをメモしておきましょう。いざ先生が家に上がってくると、緊張してお茶を出すのがやっと、ということもあります。

家の掃除は見苦しくない程度に

家庭訪問だからといって大がかりな掃除は必要ありませんが、ふだんの生活を見てもらおうと散らかしたままにしておくのは先生に失礼。見苦しくない程度に片づけましょう。

用意するのはお茶だけでOK

お茶やお菓子は「必要ない」との指示がきていればそれを守りますが、きていない場合はお茶だけ用意する家庭が多いようです。お菓子の心配はいりません。

家庭訪問でのあいさつ・話し方の具体例

出迎えたときのあいさつ

- いらっしゃいませ。お待ちしておりました
- 先生、遠いところ本日はありがとうございます。どうぞお上がりください
- ようこそお越しくださいました
- こんにちは。すぐここがおわかりになりましたか？

子どもの家での様子を話す

- 集中力があるのはいいのですが、一つのことに夢中になっていると呼んでも返事をしなくなるんです。学校でも、そんなことがあるんじゃないでしょうか
- 健太は、いやなことは何でも後回しにしてしまいます。それで宿題はいつも寝るころになってようやく始める始末で、どう対処していいか困っています
- 先日は忘れ物をしてすみませんでした。学校に持っていくものは前の日にそろえなさいといつもうるさく言っているのですが、ぜんぜん改まる気配がありません

NG

ヨソの家のプライベートなこと

「先生、ご存じですか？　山田奈緒ちゃんのお母さん、後妻さんですって」

ヨソの子どもの批判

「松本陸君って、すごく乱暴な子なんですよ」

先生のプライベートなこと

「先生、ご結婚は？恋人は？」

電話連絡では相手に配慮して

電話での対応は相手への配慮を忘れずに

先生への連絡は、連絡帳や手紙を使って行うのが基本。とはいえ、緊急の用件（身内の不幸、子どものケガ、不審者の情報など）を伝える必要があるときは、電話を使うのもやむを得ません。

先生に電話をかけるときに気をつけたいのは、かける時間帯です。授業に支障をきたさないお昼休みか放課後を選びましょう。

クラスごとに作成されている「電話連絡網」は、学校行事や持ち物に関する確認事項、緊急の用件を各家庭に伝えるためのものです。電話が回ってきたら、たとえ相手が仲のよいお母さんでもおしゃべりは禁物。すみやかに、間違いなく次の人に連絡網を回しましょう。

園・学校への電話のかけ方

1 取り次ぎをお願いする

大泉小学校ですか？ １年１組の中村大樹の母でございます。いつもお世話になっております。担任の木村先生にちょっとお話があるのですが、いらっしゃいますでしょうか？

2 担任が出たら呼びたてたことをわびる

お忙しいところ、電話でお呼びたてして申し訳ございません。中村大樹の母でございます。大樹がいつもお世話になっております

3 今話してよいか確認する

ちょっと聞いていただきたいことがございまして、お電話いたしました。今お話ししてもよろしいでしょうか？

4 用件を手短に話す

実は今日……

5 お礼のほかに作業を中断させたことへのおわびを言う

どうもありがとうございました。お忙しい中、申し訳ございませんでした。失礼いたします

電話連絡網の回し方

連絡網が回ってきたら、聞いたことをそのまま次の人に伝えましょう。自己判断で要約したり、省略したりすると、伝言ゲームのようにおかしな内容になって伝わる可能性もあります。

電話の受け方

1 「はい、井上です。2年1組の連絡網ですね。いつもお世話になっております」

↓

2 「メモを用意しますので、少々お待ちください」「お待たせいたしました。お願いします」

↓

3 内容を正確に聞き取る

↓

4 「復唱します。『明日の校外学習は小雨でも行います。子どもにはお弁当を持たせてください』ということですね」

↓

5 了解してあいさつする
「了解いたしました。では次の方に回します。ありがとうございました」

電話のかけ方

1 「井上さんのお宅ですか？　大泉小学校2年1組の大島です。いつもお世話になっております」

↓

2 「クラスの連絡網が回ってきましたので、お伝えします。メモをしていただいて、よろしいですか」

↓

3 「ありがとうございます。では、お伝えします。『明日の校外学習は…』ということです」

↓

4 復唱するのを確認し、伝言を述べる
「はい、そのとおりです。それから、連絡網の最後の方は、役員の太田さんに戻してくださいとのことです」

↓

5 「それでは次の方に回してください。よろしくお願いします」

こんなときの連絡網は

忘れたとき

連絡網を止めていることになるので電話を最初に回した人に連絡し、お詫びをしてこれから回すことを伝えます。

次の人が留守のとき

帰るまで待っていないで、その次の人にかけます。留守の人には、あとでかけ直すことを忘れずに。子どもが出たときは、母親が何時に帰宅するか聞いたうえで次の人にかけ、あとでその時間にかけ直します。

塾と学校を区別してつきあう

塾の目的は成績アップ

大きく分けて、塾には、学力不足を補う「補習塾」と、受験を目的とした「進学塾」の2つがあります。また、指導方法には「個別指導」と「集団指導」があり、それぞれにメリット、デメリットがあります。多くの情報を集めて、子どもに合った塾を選んであげましょう。

子どもを塾に入れてしまうと、親のほうはそれで何となく安心してしまうものですが、それっきり塾任せ、子ども任せというのでは意味がありません。

子どもの成績が上がらない、進路をどうしよう、というときは、迷わず塾の先生に相談しましょう。相手は学力の向上を目的とした〝その道のプロ〟です。たくさんの子どもを指導してきた経験と実績をもとに、一人ひとりの子どもの問題解決に尽力してくれるはずです。

塾ってこんなところ

進学塾と補習塾では、ずいぶん教室の雰囲気や授業の内容が違うことがありますが、基本的に塾で学ぶ目的は成績アップです。義務教育ではありませんから、入会・退会は、契約の範囲内で自由です。気に入らなければやめることができます。いかに自分に合った塾を見つけるか、ということがポイントです。

塾の先生は学力アップのプロフェッショナル

塾の先生は、生徒の成績アップのためのプロです。学校での悩みなどを聞いてくれる先生も多いでしょうが、基本的に生活指導などは行いません。学校生活のなかでの悩みなどで、塾の先生に面談を申し込むのはやめましょう。

先生への贈り物は不要

塾の先生には、お中元やお歳暮などを贈る必要はありません。お世話になったお礼を伝えたいのなら、手紙がいちばんです。さらに、合格報告とお礼をかねた手紙を受け取ることが、先生にとっていちばんの喜びです。

塾に関するトラブル Q&A

Q 先生と合わないとき

A 先生と合わないことが原因で塾へ行きたがらない場合は、個別指導から集団指導に変更するなどの対処法も考えます。

Q やめるときはきっぱりした態度で

A 「今やめてはもったいない」などと説得されるかもしれませんから、やめると決めたらきっぱりした態度を示します。「先生の指導方法には納得がいきません」などと言ってもかまいませんが、やめる理由については詳しく述べる必要はありません。「家庭の事情で」「一身上の都合で」でOKです。

Q 塾へ行きたがらない

A 行きたくない気持ちが強いなら、塾をやめさせることも検討しましょう。無理に続けさせると、勉強そのものがいやになってしまうことも。

column

子どもが喜ぶお弁当の作り方

給食を実施している幼稚園でも、週に2〜3回はお弁当というのが普通です。忙しい朝にお弁当を作るのは大変かもしれませんが、子どもにとっては初めての集団生活で、戸惑ったり、緊張したりすることも多いはず。お母さんの心のこもったお弁当で、ランチタイムにホッとさせてあげたいものです。

園児のお弁当作りでは、たくさん食べてもらうことより、楽しく食べてもらうことを目標にしましょう。お母さん自身も楽しみながら作りましょう。

お弁当作りのポイント

楽しさを演出

お弁当箱を開けたときの子どもの反応を想像しながら、動物や人の顔などを遊び感覚で作りましょう。

タコウインナー、
リンゴのうさぎなどで楽しく。
抜き型やピック、バランは便利。

量は控えめ

「全部食べた！」という達成感が子どもには大切。カラッポのお弁当箱を持ち帰ったら、たくさんほめてあげましょう。
主食の量はお弁当箱の半分、残り半分はおかずに。食の細い子の場合は、おかずやフルーツを多めに。

彩りよく

信号機の3色（赤、黄、緑）を入れるようにしましょう。彩りのきれいなお弁当は、自然に栄養バランスもとれているものです。

味に変化を

お弁当の味つけは、冷めてもおいしいように濃くなりがちですが、幼児食は薄味が基本。薄味で、ケチャップ味、カレー味、マヨネーズ味など、いろいろな味を楽しめるようにするとよいでしょう。

PART 4

好感を持たれる日常のマナー

よい関係を築くには正しい敬語が不可欠

敬語は相手を尊重する〝社交語〟

敬語は、相手（相手側）を尊重し、自分（自分側）がへりくだることによって、お互いの人間関係をよくする〝社交語〟です。「気楽な言葉を使うのは、親しさの表れ」と考える人もいますが、ケースバイケースです。そのために相手を不快にさせることもあるので注意しましょう。

上手に敬語を使うと、「よくできたお母さん」と人から評価されることにもなります。

敬語の種類

これをご覧になってください

尊敬語

相手および相手側を敬って使う言葉。目上の人、先生、初対面の人などの言動、状態に使います。

昨日、お目にかかりました

謙譲語

自分および自分側のことを言うときに、へりくだって使う言葉。自分や自分側の言動、状態に使います。

マスターしたいよく使う敬語

丁寧語

昨日（きのう）	昨日（さくじつ）
今日	本日
明日（あす）	明日（みょうにち）
おととい	一昨日
あさって	明後日
いくら	おいくら
だったら	それでしたら
どう	いかが
あっち	あちら
こっち	こちら
だれ	どなた
ちょっと	少々
すみません	申し訳ございません
わかりました	かしこまりました
そうです	さようでございます
いいですか？	よろしいですか？

「お」や「ご」をつけて丁寧な表現にするのは、主に相手にかかわりのあるもの。外来語には基本的につけません。

【例】「お名前」「お体」「ご本」「ご住所」

×「おビール」「おコーヒー」

謙譲語

言う	申す、申し上げる
行く	伺う、参る
来る	伺う、参る
いる	おる
する	いたす
見る	拝見する
見せる	ご覧に入れる
聞く	伺う、拝聴する
聞かせる	お耳に入れる
帰る	失礼する
会う	お目にかかる
もらう	いただく、頂戴する
借りる	拝借する
食べる	いただく、頂戴する
知っている	存じている、存じ上げている

上の動詞は謙譲語になると言い方が変わるものですが、ほかの動詞は「お○○する」をつけることで謙譲語になります。

【例】「お待ちする」「お作りする」「お持ちする」

尊敬語

言う	おっしゃる
行く	いらっしゃる、おいでになる
来る	いらっしゃる、おいでになる、お越しになる
いる	いらっしゃる、おいでになる
する	される、なさる
見る	ご覧になる
着る	お召しになる
食べる	召し上がる
くれる	くださる
死ぬ	亡くなる

上の動詞は尊敬語になると言い方が変わるものですが、ほかの動詞は「お○○になる」という形にすることで尊敬語になります。

【例】「お会いになる」「お帰りになる」「お聞きになる」「お休みになる」

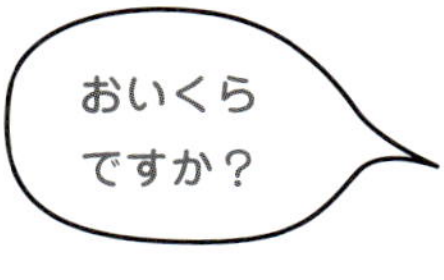

丁寧語

単語やフレーズを丁寧にする言葉。語尾に「です」「ます」をつけたり、言葉の頭に「お」や「ご」をつけると丁寧な言い方になります。

言葉の使い方にも思いやりを

相手に申し訳ないと思いながらも、言いにくいことを伝えなければならないときがあります。そんなときは、ちょっとした言葉を前につけて、ソフトに表現しましょう。この言葉を〝クッション語〟といい、「申し訳ございませんが」「せっかくですが」などがあります。

また、相手に「できません」「ありません」といった否定的なことを伝えるときや、「～してください」といった断定的なことを伝えるときも、表現のしかたを変えることによって、やわらかい感じで用件を伝えることができます。

用件は相手に伝わればそれでいいのかもしれませんが、同じ伝えるなら気持ちよく伝えたいものです。こ

思いやりのある言い方

否定文は肯定的に伝える

相手を失望させることになるので、同じ意味でも肯定的なやわらかい表現で伝えます。

- わかりません→わかりかねます
- いません→外出しております

私は
いたしかねます

あいにくですが
外出しております

クッション語を使う

言いにくいことは、伝えたい内容の前にクッション語を用いてソフトに伝えます。

- 恐れ入りますが
- ご足労ですが
- お手数ですが
- 突然ですが
- 失礼ですが
- 申し上げにくいのですが

うした思いやりが自然に出るように、日ごろから言葉の使い方には気をつけたいものです。

敬語の間違い、ここに気をつけて！

謙譲語を相手側に使わない

✖「どうぞいただいてください」→○「どうぞ召し上がってください」
✖「何時に参りますか？」→○「何時にいらっしゃいますか？」

敬語を重ねて（二重敬語）使わない

✖「拝見させていただきます」→○「拝見します」
✖「先生がお見えになられた」→○「先生がお見えになった」

自分側に「お」や「ご」をつけない

✖「私は土曜もお仕事があります」→○「私は土曜も仕事があります」
✖「母のご用で出かけました」→○「母の用で出かけました」

命令文は依頼の形で伝える

押しつける断定的な言い方は避け、相手に考える余地を与えるお願いのしかたをします。

✤～してください→～してくださいますか
～していただけませんでしょうか

作っていただけませんでしょうか
まぁ！

あちらへ移動していただけないでしょうか

気になるこんな言い回し

人を慰労するときに「ご苦労さまです」と言います。目上の人に使うのは失礼とされている言葉ですが、それは、目上の者が下の者の労をねぎらうのに「ご苦労であった」という言い方があったからです。

現在は目上の人に対しても使われることがあるので、必ずしも失礼な言葉とは言いきれません。ある程度許されてきていると考えてよいでしょう。

とはいえ、その言葉を目下の人から言われて不快に思う人は、けっこういるものです。たとえば、ご近所の年配の方がボランティアで町の清掃をしている場合などは「お疲れさまです」と言ったほうが無難でしょう。

顔が見えない電話では、失礼のない対応を

マナーを守って相手に失礼のない使い方を

今は電話より携帯のメールで連絡をとるお母さんが多いようですが、それでも日常的なこととして電話をかけたり、受けたりすることはあるでしょう。

知っているつもりでも、案外うっかりしがちなのが電話のマナーです。ふだんの自分の対応を振り返り、相手に失礼のない使い方をしているかチェックしてみましょう。

電話は、今何をしているかわからない相手を電話口に呼び出すもので

感じのよい電話のかけ方

1 時間と相手の都合を考えてからかける

（今は2時。
この時間なら
大丈夫かな）

2 相手が出たらまず名乗る

「佐々木さんの
お宅ですか？
木村と申します」

3 相手の都合を確認する

「クラス懇親会の件で
お電話したのですが、
今よろしいですか？」

4 用件を要領よく伝える

「ありがとうございます。
ではさっそくですが、
懇親会の日時は……」

5 話し終わったらあいさつする

「よろしくお願いします。
それでは失礼いたします」

6 静かに電話を切る
（かけたほうが先に切るのが原則だがあいさつから2秒待ってから切る）

≪注意点≫

- かける前に要点をメモしておき、わかりやすく伝えます。
- 相手が忙しそうなときは、こちらから「おかけ直しいたしましょうか？」と切り出します。
- 電話が長引きそうなときは、途中で改めて「お時間よろしいでしょうか？」のひと言を。

す。基本的に早朝や夜遅い時間は避け、食事時間も遠慮するのが礼儀です。思いついたときにすぐメールを送るのが習慣になっていると、そのへんの配慮が不足しがちになりますから、注意しましょう。

NG

✖幼児が出る

正しい応答のしかたがわかるまで、ベルが鳴っても受話器を取らせないように。相手が迷惑します。

✖かけ間違いをして黙って切る

わざわざ電話口に出た相手に失礼。「間違えました。すみません」とひと言おわびを。

✖取り次ぐ声が聞こえる

電話に保留機能がない場合は注意。相手に聞こえるほど大声で呼ばないように気をつけましょう。

感じのよい電話の受け方

1 ベルが鳴ったら3回以内に出る

↓

2 名乗る（相手を確認してからでもOK）

「はい、坂本でございます」

↓

3 用件をメモしながら聞く取り次ぐ

「主人でございますね。少々お待ちください」

↓

4 必要があれば復唱する

「では、復唱いたします」

↓

5 確認がすんだらあいさつをする

「お電話ありがとうございました。失礼いたします」

↓

6 相手が切ったあと受話器を置く

≪注意点≫

❖取り次ぐ相手が不在のときは、「申し訳ありません」と謝ってから、「あいにく外出しておりますが、5時には戻る予定です」などと伝え、どうするか相手に確認します。

伝える内容によってFAXやメールを活用する

FAXを送信するときの注意

送る前に電話で連絡

プライベートで送る場合は、いきなり送らないほうがよいでしょう。とくに枚数が多い場合は、断りの電話を入れてから。

届いたことを電話で確認

送ったものが大事な書類なら、確かに相手に届いているか電話で確認すると安心です。

必要があれば拡大して送る

書類によっては字が細かくて読みにくいものもあります。拡大して送る心づかいを。

送信ミスをしない

送信ボタンを押す前に、相手の番号を何度も確かめる習慣をつけましょう。

プライベートでのＦＡＸは相手の都合を考えて

ＦＡＸつき電話機の普及で、一般家庭でも気軽にＦＡＸを利用しているところが多くなりました。図や地図などを送るには、たしかにＦＡＸは便利なものです。電話をかけるときと同様、時間帯と相手の都合を考えて送りましょう。

家庭用のＦＡＸは、会社などと違ってほとんどが電話と共通回線のため、受信中は電話が使えなくなります。枚数が多いときや写真などを送るときは、送受信に時間がかかるので、「これからＦＡＸを○枚お送りいたします」と断ってからにすると相手に迷惑がかかりません。

ビジネスでＦＡＸを送るときは必ず送信票をつけますが、個人の家に送るプライベートなものは、紙のムダをなくす意味でつけなくてもかまいません。ただし、だれからだれにあてたものか、わかるようにしましょう。

メールでは、誤解を生まない配慮が必要

メールは、電話のように相手を拘束せず、時間を気にせず用件を伝えられるので便利です。

ただし、気をつけなければならないこともあります。電話の場合は声のトーンで相手の気持ちを察することができますが、メールはパソコン画面の文字だけで伝え合うため、思わぬ誤解が生まれやすいのです。メールのやりとりをしていて気分的にしっくりしないものを感じたときは、直接話すようにしましょう。

メールを送るときの注意

相手を選んで送る

相手が開かなければメールを送った意味がありません。アドレスを持っていても、メールを活用していない人もいるので要注意。

タイトルをつけて文章は読みやすく

受信したとき最初に見るのはタイトル。必ず内容を表すタイトルをつけましょう。文章は“見やすさ”にポイントをおいてシンプルに。

他人のアドレスを勝手に公表しない

連絡網などで同時に何人かに送信する場合、あて先はBCC（ブラインドカーボンコピー）に。そうしないと、受信者にほかの受信者全員のアドレスを公表することになります。

人のメールを無断で転送しない

受信したメールを簡単に転送できるのもメールのよいところ。でも、断りもなくほかの人に転送するのはNGです。

「返信」での返事は相手の文章を削除して

受信したメールに「返信」で返事をするとき、相手の文章の引用はほどほどに。引用しないときは削除しておきましょう。

いつもきれいなお母さんでいるために

素敵な印象を与えるポイント

ヘア

お母さんになると、思うようにヘアサロンに行けないことも。髪は伸ばして1つにまとめたほうが、少々伸びても目立ちません。前髪でおしゃれ感を出しましょう。

メイク

紫外線対策のためにもスッピンはNG。自分の肌に近い色のファンデーション（UVカットのもの）で自然な仕上がりに。アイメイクをするときは、落としやすいものを選んで。

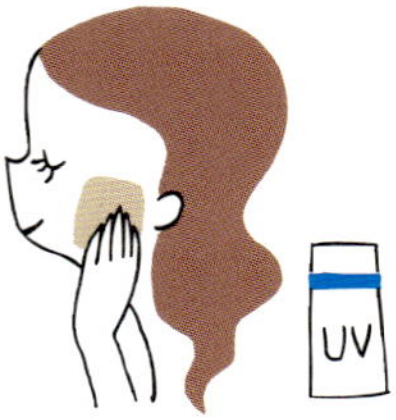

アクセサリー、小物

長めのネックレスやペンダントは、子どもを傷つけるおそれがあるので避けましょう。スカーフは色柄の違うものが何枚かあると、同じ服でも雰囲気を変えて楽しめるので便利。
帽子は、日焼け対策として夏の必須アイテム。冬は毛糸やコーデュロイ、デニムのものがおすすめ。

靴、靴下

靴はスニーカーが定番。ややおしゃれなレディース用だと服装に合わせやすい。靴下は服の色に合わせるのが基本。ハーフパンツのときはハイソックスでも。

できる範囲でおしゃれを楽しもう

毎日子どもと一緒に遊ぶのに洋服の汚れを気にしてはいられない、というお母さんも多いでしょう。

ただ、〝おしゃれ心〟は忘れたくないものです。夫や子どものためもありますが、だれよりもまず自分が気持ちよく、イキイキと毎日を過ごすために、できる範囲でのおしゃれを楽しみましょう。

お母さんのなかには、「ママだからって、おしゃれの手を抜かない」という人もいますし、「ママになったからこそ、おしゃれしなくちゃ」という人もいます。

わが子も含めて、子どもたちは案外お母さんたちの〝素敵度〟を見くらべているものです。

服装はTPOに合わせて

どんな服装をしようと個人の自由とはいえ、TPOに合っていないと「浮いた存在」に。どこに、何をしに行くのかを考えてコーディネートしましょう。

公園へ

- 汚れを気にせず遊べるデニムのパンツでも、カラーバリエーションでおしゃれを楽しめます。上が地味めでも、中に着るTシャツなどと色を合わせて。
- 公園にスカートはちょっと…という場合でも、ワンピースとレギンスを組み合わせればOK。カジュアルにまとめましょう。

園・学校へ

- 保護者会に出席するような場合は、ラフなスタイルは遠慮しましょう。スーツか、ジャケットやブレザーにスカートかパンツを組み合わせて。
- 保護者参加の大掃除といった行事には、スカートよりパンツで。動きやすいカジュアルな服装にします。

訪問するとき

- 訪問先にもよりますが、カジュアルすぎない服装なら大丈夫。豪華でなくても、きちんとした印象を与えられるものを。
- 和室に通された場合を考えて、スカートはタイトよりギャザーやフレアーのほうが気をつかわなくてよいでしょう。

お客様がまた来たくなるおもてなしを

お客様の立場に立って気持ちのよいおもてなしを

よそのお宅を訪問したとき、心をこめたおもてなしを受けるのはうれしいものです。お客様にもそう思ってもらえるように、来客があるときは相手の立場に立って迎える準備をしましょう。

お客様を通す部屋や玄関、トイレの掃除、お茶やお菓子の用意などは、お客様と約束した時間の15分前には完了させておきます。残りの15分は、自分自身の身じたくのために使いましょう。

突然の訪問を受けた場合は、玄関先での応対だけでかまいません。

出迎えのポイント

玄関で

- チャイムが鳴ったら、どこにいてもすぐ返事をします。エプロンをとって応対に出ます。
- あいさつは簡単にすませ、コート類を預かりましょう。

玄関から部屋へ

- お客様にお尻を向けないように、斜め前の位置に立って案内します。
- 部屋に来たらドアを開け、「どうぞ」と言って先に入ってもらいます。

部屋で

- 正式なあいさつがすんだら、お客様を立たせたままにしないで、「どうぞ、おかけください」と言って座ってもらいます。
- 和室の場合は、「どうぞお楽になさってください」のひと言を忘れずに。

こんなときどうする

手みやげを渡されたら?
お礼を言って必ず両手で受け取り、まず上座に置きます。そのまま部屋に置きっぱなしにするのは失礼なので、部屋を出るときにさりげなく持って出ます。

お茶のおかわりは?
だいたい30分をめどに入れ替えます。前と同じものか、違う飲み物にしても。

いただいた手みやげは出してもいい?
手みやげを一緒にいただくことを「おもたせ」といいます。出すときは「おもたせですが」とひと言断って。

食事は出すの?
訪問の時間は食事どきをはずすのがルールなので、食事を一緒にする約束をしていなければ、基本的に出す必要はありません。

見送りはどこまで?
玄関までが普通ですが、目上の人ほど遠くまで（門の外まで）送ります。帰ったあと、ガチャンと音を立ててカギをかけるのは厳禁。

お茶とお菓子の出し方

お客様を部屋に通したら、5分以内にお茶を出しましょう。事前の準備が大切です。

お茶は右側、お菓子は左側に
出すのはお茶だけでかまいません。お菓子も出すときは置き方に注意。お茶は右側、お菓子は左側に置きます。

コーヒーカップの取っ手は右側に
コーヒーや紅茶を出す場合、少し前まではカップの取っ手を左側にしていましたが、今は右側にするのが一般的。

親しい人なら目の前で入れてOK
お茶は別室で入れて運んでくるのが普通ですが、親しい人ならポットや急須を持ってきて、会話を楽しみながら入れるとよいでしょう。

訪問は了解を得てから時間厳守で

訪問は相手の都合を第一に考えて

訪問するときは、相手の都合を聞いて迷惑をかけないようにするのが基本のマナーです。親しい間柄でも、OKの返事をもらってから訪ねるようにしましょう。

訪問の日時を決める際、時間にはとくに気をつかう必要があります。食事や、その支度にかかる時間帯は避けなければなりませんし、夕食後も相手が望まない限り、遠慮するのが常識です。ベストな時間帯は、午前なら10時～11時、午後なら1時～4時と覚えておきましょう。

当日、約束した時間を守るのは当然のことですが、何かの事情で10分以上遅れそうなときは、必ず電話を入れてその旨を伝えます。

子ども連れで訪問するとき

訪問前に子ども連れであることを断る

訪問の日時を決めるときに、ひと言断っておきます。いきなり連れていくことのないように。

あいさつをする

家に入るとき、「おじゃまします」と子どもにしっかりあいさつを言わせましょう。

遊び用具を持参する

子どもが退屈して騒がないように、おもちゃや本などを持っていきます。何か1つでも目新しいものがあると、時間をかせげます。

お行儀の悪いことをしたらその場で注意

出されたお菓子に無言で手を伸ばしたり、勝手にあちこちさわろうとしたら、その場ですぐ、静かに注意を。

用件がすんだら長居しない

子どもがおとなしくしていられる時間には限りがあります。用件がすみしだい失礼しましょう。

食べこぼしは始末する

小さい子どもであれば、こぼすのはしかたのないこと。相手の前で叱るとよけい緊張してこぼしてしまいます。「申し訳ありません」と謝って、相手が席をはずしたときに手早く始末しましょう。

訪問を“しつけの場”として活用する

よその家を訪問するとき、「気をつかってまで子どもを連れて行くのはいやだから」と子どもはいつもお留守番にする人もいます。それだと確かに相手に迷惑をかけずにすみますが、訪問先が身内や友人といった親しい間柄なら、もっと積極的に連れて行くことを考えてもいいでしょう。

というのも、訪問は、子どもに社会性を身につけさせる絶好のチャンスだからです。自分の家では好き勝手なことができても、よその家ではできないことや、周りの迷惑にならないふるまいをしなければならないことを覚えさせるには、“実地訓練”がいちばんの近道なのです。

手みやげは必ず持っていくの?

手みやげは相手への気づかいを示すもの。やはり持っていくべきです。だれがもらっても困らないものを基準に選ぶと、お菓子や花がベスト。相手の家の近くで買うのは、いかにも間に合わせの感じがするので避けましょう。

手みやげはいつ渡すの?

最もいいタイミングは、部屋に通されて正式なあいさつをした直後。「どうぞ皆様でお召し上がりください」などの言葉を添えて、両手で差し出します。

訪問時のOKとNG

お茶やお菓子はいついただくの?

出されて「どうぞ」とすすめられたら、遠慮しないでいただきましょう。お茶が冷めるまで手をつけないのはかえって失礼です。お菓子は、お茶をひと口飲んでから手をつけます。

トイレを借りてもいいの?

中座するのは失礼なので、相手が茶菓を用意している間や、おいとまする前に、「お手洗いを拝借できますか」と申し出ます。手を洗ったあとの水はねは、ティシュでふいておくこと。

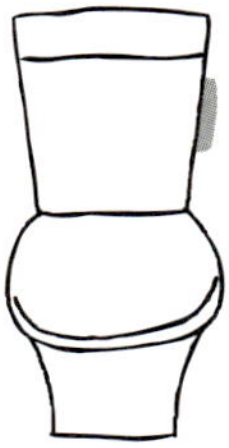

たばこは吸ってもいいの?

テーブルに灰皿が用意されていても、「たばこを吸ってもよろしいでしょうか?」と聞いて了解を得るのがマナー。灰皿がないときは喫煙をあきらめましょう。

夫の実家に帰省するときは〝お客様気分〟を捨てる

結婚すると、夫の実家や親戚とのおつきあいも始まります。

自分の実家を大切に思うなら、同じように夫の実家も大切にして、いい関係を築くように努めましょう。

実家では、息子、娘夫婦の帰省、とくに孫が遊びに来るのを楽しみにしているものです。帰省を予定したときは早めに連絡し、実家の都合も考慮して帰る日を決めます。

実家滞在中は、お客様気分で過ごすのは禁物です。「いいのよ」と言われても「でも、何か手伝わせてください」と何度か繰り返して手伝う気持ちを表しましょう。

家事のやり方でわからないことは、そのつど聞くようにします。

忘れずに持っていきたいもの

エプロン

「お客様として来たわけではない」ことをアピールするためにも必須。かわいらしいものより実用的なものを。

滞在費

２～３日なら１万円程度。「お世話になります」と言って最初に渡しますが、親によっては不快に思うことも。その場合、帰り際に「お世話になりました。何かおいしいものでも…」と言って渡したほうが気持ちよく受け取ってくれるでしょう。“滞在費”という考え方は、親子として水くさいと思われることもあります。

カメラ

滞在中の思い出をカメラに収めます。両親が孫と遊んでいるところなどは、帰宅してから送ると喜ばれます。

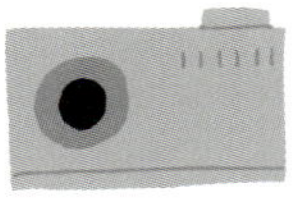

帰宅したら早めにお礼状を

家に帰ってきたら、すぐ電話をして無事に帰ってきたことを報告し、お世話になったお礼を言いましょう。家族がかわるがわる電話口に出て、それぞれにお礼を言うのもいいものです。

それとは別に、早めにお礼状を出すと丁寧です。滞在中に撮った写真があれば、それを同封すると喜ばれます。写真がない場合は、はがきでもかまいません。「はがきで失礼ながら、取り急ぎお礼まで」とひと言書き添えましょう。夏休みの帰省なら、「残暑見舞い」をかねて出す方法もあります。

帰省のおみやげは?

おみやげ選びも大変ですが、高価なものにする必要はありません。心づかいを示すことができればOKです。

家族みんなで食べられるもの

お菓子、地元の名産品など

両親へのおみやげ

衣類、小物、嗜好品、趣味に関係したものなどを、2人それぞれに

兄弟が同居している場合はお嫁さんへのおみやげ

衣類、小物、アクセサリーなど。日ごろの感謝をひと言書いたカードを添えると喜ばれます。

贈答には感謝の気持ちをこめて

お中元・お歳暮を贈るとき、いただいたとき

お中元もお歳暮も、日ごろお世話になっている人に感謝の気持ちを品物にこめて贈る季節のあいさつです。

上司や仲人、両親、とくにお世話になった人などに贈りますが、おつきあいが広がるにつれて年々贈る相手が増えていくのは大変なことです。贈るのは、本当にお世話になっている人や、末長くおつきあいしたい人に絞って贈るとよいでしょう。

お中元やお歳暮をいただいたとき、とくにお返しをする必要はありません。基本的に目下から目上の人に、お礼の意味合いを持たせて贈るものなので、お礼に対するお返しとなるとおかしなことになります。ただし、いただいて何もしないのはマナー違反です。きちんとお礼状を出します。そのことで、相手も無事届いたことを確認できます。

お中元・お歳暮の贈り方

お中元

【贈る時期】
7月1日から15日までが適当。地方によっては月遅れの8月に贈るところもあります。

【人気の品物】
ビール、ジュース、のり、めん類、調味料、食用油、コーヒー、石けん、洗剤、商品券、ギフト券

お歳暮

【贈る時期】
12月1日から20日くらいまで。遅くても25日までには届くように。

【人気の品物】
調味料、のり、食用油、コーヒー、日本茶、ハム・ソーセージ、洗剤、菓子類、商品券、ギフト券

●**選び方のポイント**
相手の好みや家族構成、ライフスタイルを考えて選びます。毎日使う消耗品はいくつ重なっても重宝します。食料品をお中元に贈る場合、いたみやすい時期なので日持ちのよいものを。お歳暮では、正月準備の足しになるような生鮮食品が喜ばれます。

●**金額**
３千円から５千円というのが圧倒的に多い。とくにお世話になっている人には５千円から１万円以内。あいさつ程度の意味合いなら３千円くらいでも。

お中元・お歳暮を贈るときの注意

送ったら
送り状を
出す！

送り状を出す

贈りものは持参し、あいさつをして差し出すのが本来の姿。デパートから配送する場合は、別便で送り状を出す気配りを忘れないように。

「つきましては、感謝の気持ちをこめまして、ささやかながら別便にてお歳暮の粗品をお送りいたしました。ご笑納いただければ幸いです」

贈る時期を逃した場合

贈る時期を逃したときは、表書きを変えて贈りましょう。お中元なら「暑中御見舞」、お歳暮は「御年賀」や「寒中御見舞」とします。

一度贈ったら毎年贈る

お中元もお歳暮も、一度贈ったら毎年贈るのがしきたり。今回１回限りという場合は表書きを「御礼」とし、「○○の件ではお世話になりました」などと記したカードを添えて贈ります。

喪中でもやりとりはOK

お中元もお歳暮もお祝いではないので、贈ってもかまいません。ただし、こちらが四十九日の忌明け前の場合は贈りません。次のお中元かお歳暮のときに多めに贈ります。

それなら、
お歳暮も
贈りましょう
お中元、
贈ったよ

どちらかを贈るならお歳暮

お中元、お歳暮のどちらかを贈るなら、お歳暮を贈るようにします。お中元を贈った相手には、必ずお歳暮も贈らないといけません。

贈り物をいただいたら、まず感謝の気持ちを伝える

贈りものをいただいたら、できるだけ早くお礼の気持ちを伝えましょう。配送の場合は、届いたかどうか相手も気にしているはずです。

ごく親しい相手なら、電話でお礼を言うと情報も多く伝えられますし、声も聞けて喜ばれます。それ以外はきちんとお礼状を出すのが礼儀です。「確かに受け取りました」という報告にもなります。

名産品をいただいたお礼状

日ごとに秋の気配を感じるこのごろですが、お変わりなくお過ごしのご様子、何よりとお喜び申し上げます。

さて、本日はたくさんの見事な梨をお送りいただき、ありがとうございました。旬の味覚をさっそく家族一同で賞味させていただきましたが、そのみずみずしさと甘さに、子どもたちは「おいしい」の連発でした。いつもいろいろお心遣いをいただき、心より感謝申し上げます。

季節の変わり目ですので、どうぞ皆様ご自愛くださいますよう、お祈り申し上げます。

取り急ぎ、お礼まで。

かしこ

お礼状の書き方のポイント

3日以内に出す

お礼の気持ちは、いただいたらすぐに伝えましょう。先方も届いたかどうか気になるものです。遅くても3日以内に出します。

3日以内ならはがきでよい

すぐに出すならはがきでOKです。遅くなればなるほど、はがきではすまず、手紙にしなければならなくなります。

どうよかったか具体的に

「ありがとうございました」だけでもお礼状にはなりますが、何がどうよかったか、喜びを具体的に伝えると相手も贈ってよかったと喜んでくれるでしょう。

別の用件を書かない

お礼状についでのように別の用件を書くと、伝えるべきせっかくのお礼の気持ちが希薄になってしまいます。

お返しを贈るときの心得

贈り物をいただいたら、どんな場合でもお礼状を送るのがマナーですが、お返しは、そのすべてに必要とは限りません。

たとえば、お祝いの場合、出産祝いをいただいたらお返しは必要ですが、入園・入学祝いにはお返しをしなくてよいことになっています。

お返しは、贈られたものの半額程度の品物を、10日から1か月の間をおいて届くようにします。すぐにお返しを送ると「〝借りは返した〟とばかりに送ってきた」、と思われることもあり、あまり感じのよいものではありません。

まず必要なのは、贈り主に感謝の気持ちを丁寧に伝えること。お返しを考えるのは、そのあとのことです。

贈り物を断りたいとき

お中元やお歳暮を贈られるのが負担になった場合は、お礼状に辞退する旨を書くようにします。
まず、品物を贈ってくれた相手に感謝の気持ちを伝え、それから「今後このようなお気遣いはなさらないようお願い申し上げます」と、失礼のない表現でやんわりと断る言葉を添えます。
また、仕事の立場上、どうしても贈り物を受け取れないときは、そのことをお礼状の中で説明し、はっきり示すことが大切です。あまり遠回しな表現だと伝わらないので、断りの文章はきちんと入れましょう。
贈り物は配送業者に引き取ってもらうか、自分で送り返します。

お返しが必要なもの・不要なもの

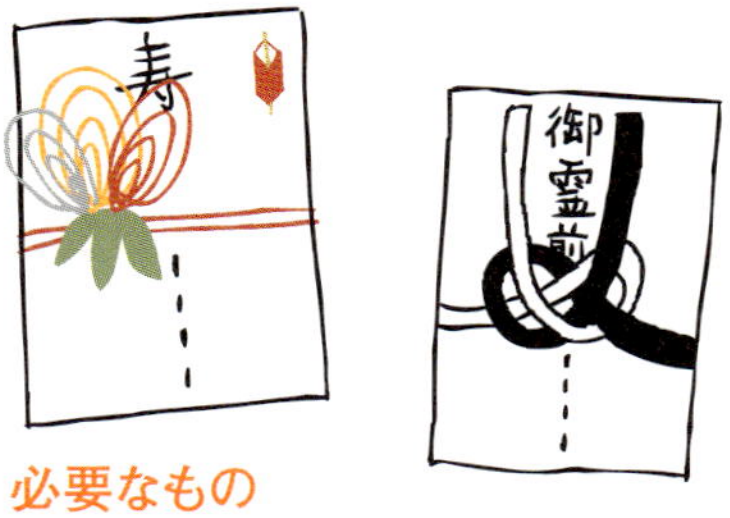

必要なもの

結婚祝い、出産祝い、長寿の祝い、新築祝い、開店・開業祝い、病気見舞い、香典

不要なもの

初節句や七五三のお祝い、入園・入学祝い、成人式、就職祝い、お中元・お歳暮

column

近所へおすそ分けをするとき

おすそ分けの「すそ」というのは着物のすそのこと。地面に近い末端の部分なので、転じて「つまらないもの」の意味があります。

そのため、目上の人におすそ分けをするのは失礼とされているのですが、あまり杓子定規に考える必要はないでしょう。郷里の名産などを、「今日、実家から送られてきた○○です。少しですけど召し上がってください」と贈られたら、その心づかいは、相手が年上でも年下でもうれしいものです。おすそ分けは「お福分け」とも言いますが、その名のとおり、ささやかな福を分けるつもりで贈ればよいでしょう。

また、「いただきものを分ける」というおすそ分けの本来の意味からははずれますが、手作りした総菜などを近所に分けたり、分けてもらったりすることも、地域によっては日常的に行われています。

近所づきあいは常にスムーズであってほしいものです。あまり交流がないと、近隣トラブルも起こりやすくなります。おすそ分けを上手に利用して円満なおつきあいを心がけるというのも、現代の生活の知恵と言えるかもしれません。

おすそ分けをするときのポイント

相手に気をつかわせない

相手に気をつかわせないように、「たくさんいただいたから食べきれなくて」「調子に乗って作りすぎちゃって」などのあとに「少し助けてください」と笑顔で言うと、相手も受け取りやすくなります。

新鮮なものを

生鮮食品をあげるときは新鮮なものに限ります。すぐ傷むようなものはNG。菓子類は賞味期限をチェックして。

作りたてをタイミングよく

自分で作ったおかずを分けるときは、タイミングも大切。作りたてが原則で、まだ温かくて湯気が立っているようなものがベスト。食事の前に持っていけば、いっそう喜んでもらえます。

PART 5

冠婚葬祭・行事のマナー

お祝いのマナー

出産祝い

出産の知らせを受けても、夫や両親、兄弟以外がすぐ駆けつけるのは遠慮しましょう。お祝いの言葉は家族を通して伝え、直接お祝いに行くのはお七夜を過ぎて少し落ち着いたころの、退院後3週間以内がいいでしょう。

うかがうときは、相手の都合に合わせるのはもちろんですが、慣れない育児で手いっぱいの状況を思いやり、親しい間柄でも早めに失礼するのがマナー。小さな子どもを連れてうかがうときは、事前にその旨を伝え、了解をとってからにします。

出産祝いをいただいた側なら、お祝いのお返しをするのは生後1か月ごろ、つまり、赤ちゃんが外に出られるようになるお宮参りのころがよいでしょう。

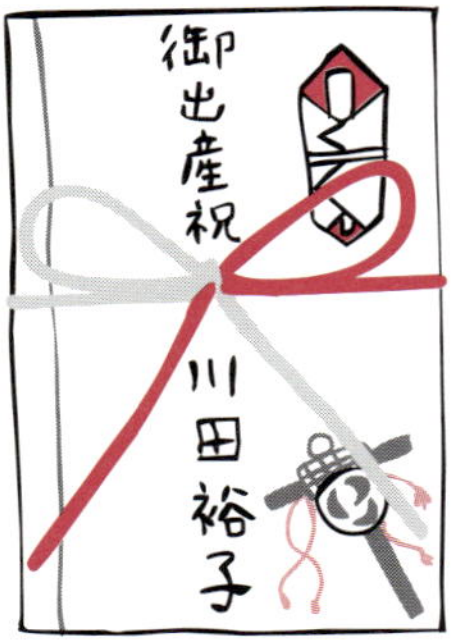

出産祝いの贈り方

＜贈る時期＞
出産後７日〜１か月以内

＜表書き＞
「祝御出産」「御出産祝」

＜水　引＞
紅白蝶結び

＜現金を贈る場合の目安＞
友人・知人なら５千円〜１万円
新族なら１〜２万円程度

＜品物の選び方＞
- 友人・知人なら５千円〜１万円程度。
- 身内なら１〜２万円程度。
- すぐ必要になる肌着セットやベビー服、ベビー用品が人気。生後１年ごろに着るものも、先の楽しみとして喜ばれます。
- おもちゃ類やベビーカーなどは安全性をチェックして。
- 赤ちゃんのものに限らず、お母さんへブラウスなどでも。がんばったお母さんへのねぎらいの気持ちをこめて。

＜贈る時期＞
出産後１か月ごろ

＜表書き＞
「内祝」（お披露目の意味もあるので、子どもの名前を必ず入れる）

＜水　引＞
紅白蝶結び

出産祝いのお返し

出産祝いをいただいたら、お宮参りのころに内祝いを贈ります。かつては、お祝いをいただいてもいただかなくても、喜びを分かち合うために贈ったものですが、今はお祝いをいただいた人にだけ、「お返し」の意味で贈ります。

＜金額の目安＞
いただいた金額の半額か３分の１程度。全員一律でもよい。

＜品物の選び方＞
- 紅白の砂糖やもち、石けん、かつお節が一般的。
- デパートから配送するケースでは、タオルや食器などの実用品がほとんど。
- ママ友からおむつやタオルなど、ちょっとしたものをいただいた場合は、お礼の気持ちをこめてお菓子の詰め合わせなどを贈るといいでしょう。
- 遠方でなかなか会えない親戚へのお返しには、赤ちゃんの写真を添えると喜ばれます。

初節句

赤ちゃんが生まれて初めて迎える節句のことで、男の子は5月5日の端午の節句、女の子は3月3日の桃の節句にお祝いをします。生後3か月以内に初節句を迎えるような場合は、翌年に延ばすこともあります。

初節句の人形は母方の実家が贈るのがしきたりで、今も一部の地域にその慣習が残っていますが、最近は子どもの両親がそろえたり、双方の親が相談して贈ることが多いようです。身内のお祝いなので、友人の子どもなどには贈らないのが普通です。

初節句のお祝いとお返し

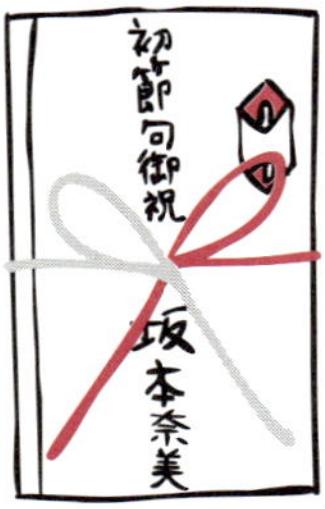

＜お祝い＞

＊節句人形は祖父母から贈られることが多いので避けます。ぬいぐるみやおもちゃ、ベビー用品などがよいでしょう。現金を贈るなら5千～1万円程度が目安。

＊表書きは「初節句御祝」、水引は紅白蝶結び。

＜お返し＞

＊子どもの祝い事は内輪で行うものなのでお返しは不要ですが、近所の人なら桜もちや柏もちを「内祝」の表書きで届けます。

＊遠方の人へは、当日撮った写真などを同封してお礼状を。

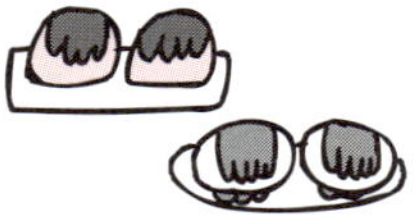

お宮参り

お宮参りは、赤ちゃんが無事誕生したことへの感謝と、これからの健やかな成長を祈って行うものです。お参りの時期は地方によってまちまちですが、生後1か月ごろが一般的です。

神社でおはらいを受け、祝詞をあげてもらうときは、事前に社務所へ

七五三

七五三は、男の子は3歳と5歳、女の子は3歳と7歳で祝うのが一般的です。11月15日に神社にお参りして成長を感謝し、将来の幸せを祈ります。

お祝い品として、祖父母から晴れ着が贈られることが多いようです。着物でなくても、ふだんより改まった装いであればかまいません。入園・入学を控えているなら、その際にも着られるものを選ぶとよいでしょう。

七五三のお祝いとお返し

<お祝い>

＊七五三は内輪のお祝いなので、贈り物はおつきあいの程度で判断を。ママ友同士ならば、くつ下やリボン、お菓子などを贈るのがよいでしょう。

＊現金を贈るなら、5千～1万円程度が目安。

＊お祝い品は七五三の1週間前までには届くようにします。表書きは「祝七五三」、紅白蝶結びの水引。

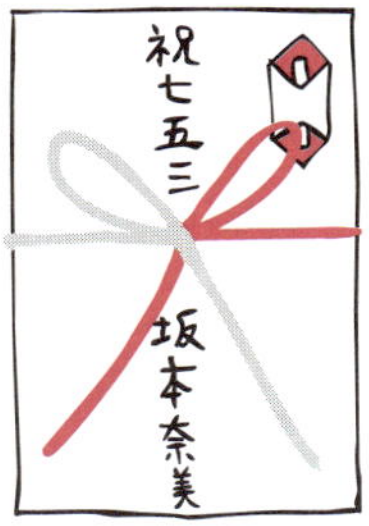

<お返し>

＊参拝のあと、千歳あめや紅白の菓子などを持参して、お祝いをいただいた人の家を訪問する習慣があります。

＊遠方の場合は、七五三の記念写真を添えて好物などを贈るとよいでしょう。

＊表書きは「内祝」とし、子どもの名前を入れます。紅白蝶結びの水引。

申し込む必要があります。その際、決められている額か、3～5千円以上を「玉串料」「初穂料」として神社へ納めます。

祖父母が近くに住んでいるなら、「お宮参りにいっしょに行っていただけませんか?」と誘ってみましょう。かわいい孫のことですから、きっと祖父母も喜んで同行してくれるでしょう。

入園・入学祝い

入園・入学は子どもの成長の節目です。あくまでも身内の祝い事なので、親や親戚で大いに祝福してあげたいものです。

お祝いの品を贈るのは、祖父母や両親の兄弟、それに、ふだん親しくおつきあいしている友人などに限られます。顔見知りであっても、それほど親しくなければ、とくにお祝いする必要はありません。道で会ったときなどに、「○○ちゃんの入園、おめでとう」とひと声かける程度で十分です。

入園・入学祝いのお返しは必要ありません。ただし、いただきっぱなしでは失礼です。電話や手紙で感謝の気持ちを伝えますが、大切なのは子ども本人からもお礼を言わせること。人の厚意を受けたときは必ずお礼を言う習慣を、このような機会に身につけさせましょう。

入園・入学祝いの贈り方

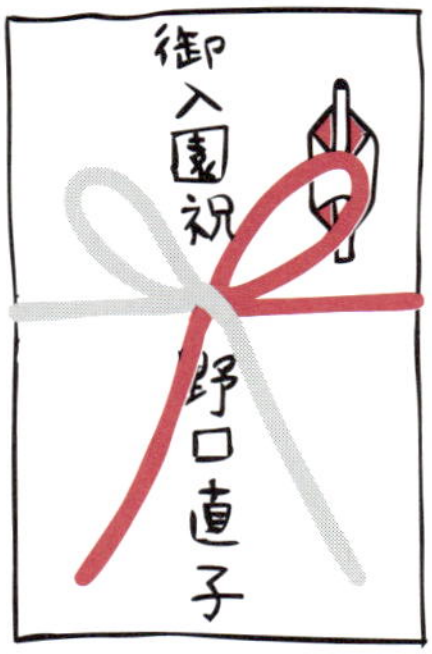

＜贈る時期＞
入園・入学式の前までに

＜表書き＞
「御入園祝」「御入学祝」「祝御入学」

＜水　引＞
紅白蝶結び

＜現金を贈る場合の目安＞
５千円～１万円程度

＜品物の選び方＞
＊入園祝いは通園が楽しくなる小物類として、お弁当とコップのランチセット、水筒、ハンドタオルなどのほか、靴や靴下、絵本、洋服など。
＊入学祝いはランドセルや学習机などの高価なものは祖父母が贈る習慣があるので避け、通学や学習に必要な実用品を。目覚まし時計、電気スタンド、文具セット、洋服、靴下、図書券、文具券など。
＊あらかじめ、どんなものがいいか、相手に聞いてみてもよいでしょう。

入園・入学祝いをいただいたら

お祝いを受け取った時点でお礼の電話を入れ、入園・入学式がすんだら改めて親子でお礼状を出すと丁寧です。

入学祝いをいただいたお礼状

春の陽気が心地よい季節、皆様にはますますご健勝のこととお喜び申し上げます。

このたびは拓也のために過分な入学祝いをいただき、まことにありがとうございました。さっそく拓也と買い物に出かけ、前から欲しがっていた自転車を購入させていただきました。

入学式も無事終了し、拓也は毎日元気に通学しております。新しいお友だちもできましたようで、とりあえずは安心しております。式の日の写真を同封いたしますので、成長ぶりをご覧いただければ幸いです。

天候不順の折、どうぞ十分にご自愛ください。

取り急ぎ、お礼とご報告まで。

かしこ

入園・入学祝いへのお礼状だけでなく、祖父母などの親戚の方から何かをいただいたときは、子どもが書いた手紙を同封すると喜ばれます。

卒園・卒業祝い

園や小学校を卒業したことは、親にとっては喜ばしく、おめでたいことですが、子どもにとっては、またすぐに上の学校生活が始まります。ですから、親族以外は、卒園・卒業祝いとしてお祝いを贈る必要はありません。入学と卒業は時期も近いですから、どちらかを贈るのであれば、入学祝いを贈るようにします。

親族へ贈る場合、品物や金額の目安は入園・入学祝いと同じです。お返しはとくに必要ありませんが、きちんとお礼を言うか、お礼状を出すようにします。

祖父母からお祝いをいただいた場合などは、子どもが書いたお礼状を送ると喜ばれるでしょう。

四季折々の行事のマナー

お正月

お正月は、新しい年の神様を迎える行事です。昔、天から降りてきた年《とし》神《がみ》様《さま》はどこの家庭にも現れ、1年の幸福を授けてくれると考えられていました。門松、しめ縄、輪飾りなどの正月飾りは、どれも年神様をお迎えする目的で飾るもので、門松は年神様が天から降りるときの目標物とされています。

お正月を祝う形は少しずつ変わってきましたが、改まった気持ちで一年間の無事を祈る特別な日であることは、子どもに教えていきたいことです。

しめ縄や輪飾りは、この家は清浄であるということを示すために飾ります。鏡もちは年神様へのお供え物です。

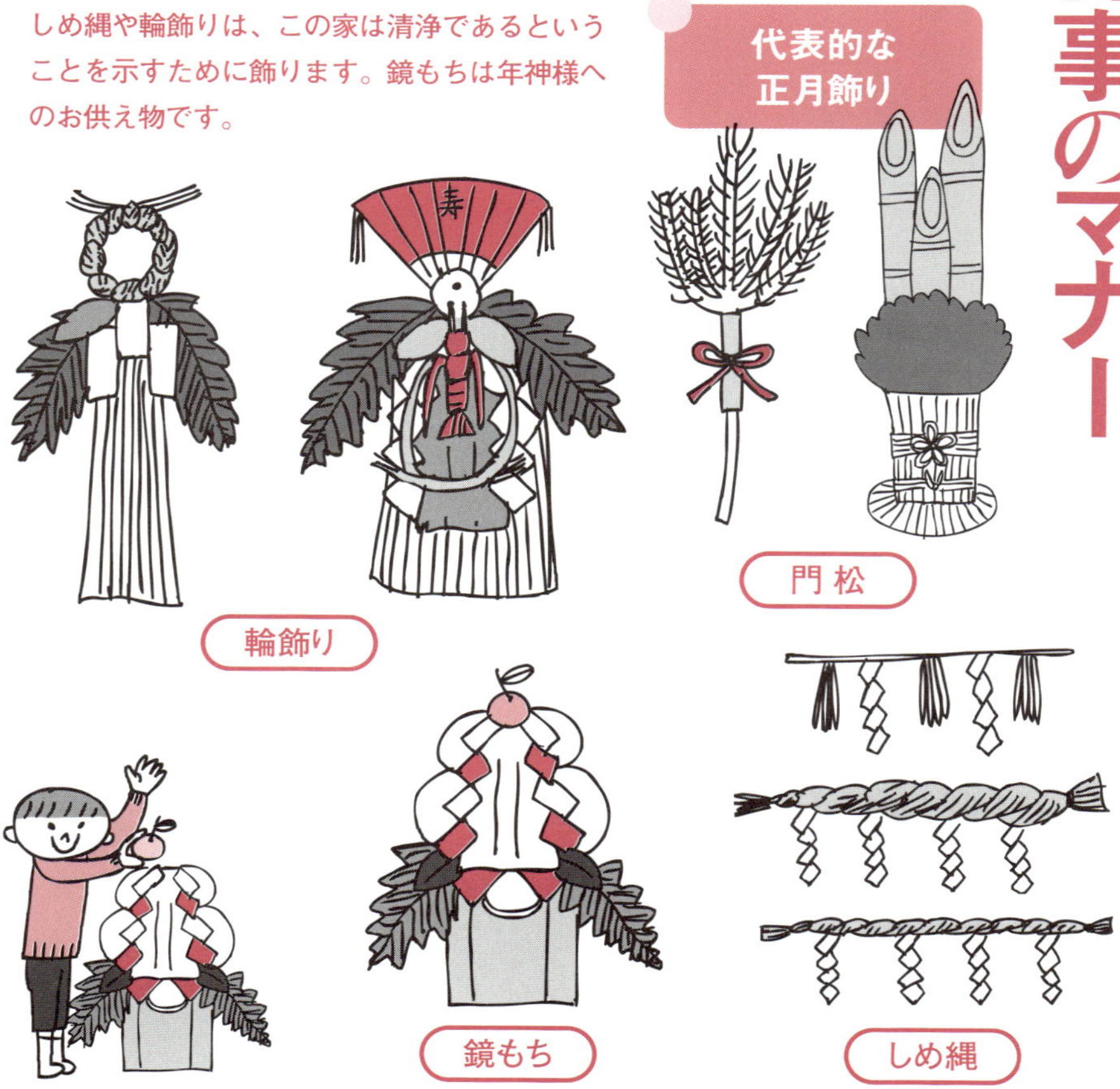

お正月の祝い膳

元日の朝は、服装を整えて祝い膳に向かい、家族そろって新年のあいさつを交わします。祝い膳は“わが家流”でかまいませんが、身も心も引き締めて新年を祝う気持ちは大切に。

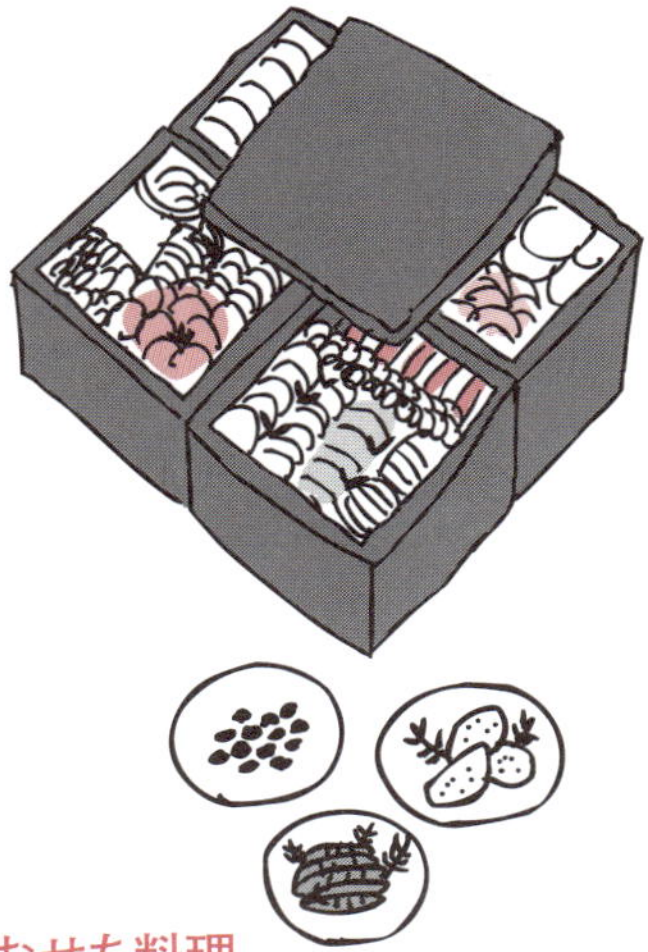

屠蘇《とそ》

不老長寿の薬酒で、「屠蘇散」を清酒やみりんに浸し、成分や香りを浸出させて作ります。3回に分けてつぎ、3回に分けて飲むのがマナー。

おせち料理

もともとは五節句に神様に供えた祝い料理。今は三段重ねが一般的で、縁起のよい食材が使われています。

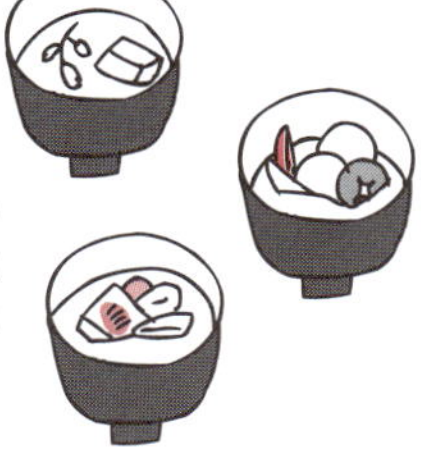

お雑煮

神様に供えた農作物のごった煮が始まり。地方や家庭によって材料や味はさまざま。

お正月の伝統行事

1月1日 元日、初詣

新年になって初めて神社に参拝し、一年の無事と幸福を祈るもの。元日に限らず、7日までの松の内にお参りすればよいことになっています。

2日 書き初め

2日はすべての事始め。おけいこ事などは1月2日に始めると一年中うまくいくとされ、書き初めもこの日に行います。

7日 七草

松の内が終わる7日に、春の七草を炊き込んだ七草がゆを食べて、無病息災を祈ります。

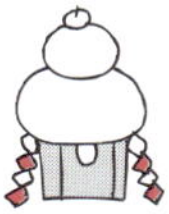

11日 鏡開き

お供えしていた鏡もちを下げ、割ってお汁粉などにして食べます。刃物を使わないのは、昔、武家社会では正月に「切る」ことをきらったため。

15日 小正月

元日から7日までを「大正月」といい、これに対して15日を「小正月」といいます。正月も忙しかった女性の休息日です。

年始のあいさつ回り

地方や地域によって習慣はさまざまですが、近所の家に、新年のあいさつ回りをするところもあります。

あいさつ回りをするときは、新年にふさわしく少し改まった服装で出かけます。一家の世帯主があいさつに出かけることが多いようですが、夫婦そろってでもいいでしょう。男性はスーツ、女性はスーツやワンピースなどでうかがいます。とくに誘われない限りは、通常は玄関先でのあいさつだけにします。

あいさつにうかがうのは、1月1日を避けるのが一般的。元旦は家族で新年を祝う日で、あいさつは2日以降にすることが多いようです。喪中のお宅へのあいさつは控えます。

夫の実家へあいさつに行く

夫の実家では、祖父母が息子夫婦と子どもに会えるのを楽しみに待っています。訪問を楽しみにしてくれている人たちのもとへ行くのですから、出かけるほうも気持ちよく、元気に訪問したいものです。

ふだん、親しくおつきあいをしている場合でも、年始のあいさつはきちんとします。「明けましておめでとうございます。昨年中はたいへんお世話になり、ありがとうございました。今年もどうぞよろしくお願いいたします」などとあいさつしましょう。子どもにも同じようにあいさつさせます。

手みやげを持っていくときは、お菓子の詰め合わせなどが無難です。

子どもへのお年玉

お年玉は、昔、年《とし》神《がみ》様《さま》にお供えした米やもちの一部を、年神様が年少者に分け与えた賜物でした。室町時代には、お年玉として男の子に打球の道具、女の子に羽子板を贈る習慣があったようです。それが変化して、現在のお年玉の習慣になったと言われています。

お年玉の金額は、小学校低学年で3千円くらいで、あげるのは親戚の子どもかごく親しい人の子どもです。幼児には現金ではなく、絵本やおもちゃでもよいでしょう。

お年玉の金額について悩むことも多いでしょう。親戚同士では、親がお年玉の金額をあらかじめ決めたり、親戚同士でのお年玉のやりとりはしない、と決めるのも一法です。子どもがいただいたお金を有効に使うことを学ぶ機会にしたいものです。

ありがとうございます

表書きは「御年賀」とします。

年末から数日間、実家に滞在するときは、台所仕事などを積極的に手伝うようにしましょう（106ページ参照）。

今年もよろしく
お願い
します

ひな祭り

3月3日の桃の節句は女の子の幸せを願うお祭りで、女の子のいる家庭では2月中旬ごろからひな人形を飾ります。

桃の節句は、平安時代には上巳《じょうし》の節句と呼ばれ、この日にはわらや紙で作った人形にわが身の汚れを移し、それを川や海に流して汚れを流すという風習がありました。これに、当時の人形遊びの「ひいな遊び」が結びつき、室町時代からひな祭りという女の子のお祝いになったのです。

ひな祭りが3月3日と定まったのは、徳川五代将軍綱吉のころ。現在のような段飾りが登場したのは、江戸時代の中期以降と言われます。

ひな祭りのお祝い

ひな祭りの祝い膳

桃の花や菜の花を飾り、季節感あふれるごちそうを囲んでお祝いしましょう。

＊ちらしずし（春らしい彩りにトッピングして）
＊桜もち
＊菱もち
＊ハマグリのお吸い物（ハマグリはひな祭りの祝い膳に不可欠）
＊白酒（子ども用のもの）
＊ひなあられ

ひな祭りパーティー

初節句には祖父母を招いて盛大にお祝いすることもありますが、翌年以降は家族で祝うのが基本。にぎやかにするなら、お友だちを招待しても。

＊スペースがなくて段飾りが無理でも大丈夫。ミニの内裏びなを赤いランチョンマットの上に飾り、桃の花、菜の花、菱もち、ひなあられなどを供えるだけで、十分ひな祭り気分を味わえます。
＊招待したお友だちへのおみやげは、桜もちとひなあられを。ふんわりしたピンクの和紙に包むなど、ラッピングにひと工夫を。

ひな祭りパーティーに招く

少しずつ春の気配が感じられるようになってきました。いつも菜摘ちゃんには瞳が仲よくしていただき、ありがとうございます。

さて、3月3日のひな祭りには、わが家でささやかなパーティーを開きたいと思っております。ご都合がよろしければ、菜摘ちゃんだけでなく、お母さんもぜひどうぞ。ほかに、長谷川さんと大崎さんにもお声をかけています。

3月3日（土）午後1時から5時くらいを予定しております。お待ちしておりますので、どうぞおいでください。

端午の節句

3月3日の桃の節句に対応する男の子の節句が、5月5日の端午の節句です。男の子が丈夫で元気に育つようにと願う行事ですが、現在は男女を問わず、そのすこやかな成長を願う「子どもの日」として、国民の祝日に定められています。

この日、男の子のいる家庭では屋外に鯉のぼりを立て、家には五月人形を飾ってお祝いします。

五月人形は男の子の出生を祝って本物の鎧兜を飾っていた武家の風習に由来するもので、鯉のぼりは、武士が戦いに行くときに立てた幟《のぼり》を町人がまね、発案したものと言われています。

端午の節句のお祝い

端午の節句の祝い膳

端午の節句といえば柏もちですが、そのほかにも、この日にちなんだ食べ物があります。

＊柏もち（柏は「跡継ぎが絶えない」縁起のよい木とされています）
＊ちまき（もち米を笹の葉や竹の皮に包んで蒸したもの）
＊出世魚（成長するたびに名前の変わる魚［セイゴ→フッコ→スズキ、イナダ→ワラサ→ブリ］を食べる習慣があります）
＊そのほかに鯛のかぶと揚げ、ちまきずしなど

鯉のぼりを立てるとき

マンションなどの集合住宅でも飾れる鯉のぼりも市販されています。飾るときはご近所の迷惑にならないように気を配りましょう。

鯉のぼりの上部についている風車が回ると、カラカラとうるさいこともあるので、回らないようにする気づかいも。

下の部屋のベランダに垂れさがると目障りになることもあるので、十分気をつけましょう。

四季折々の行事のマナー

七夕

七夕といえば織り姫（織女星）と彦星（牽牛星）の話が有名ですが、これは中国に古くからある伝説です。

中国には、織り姫と彦星の願いがかなえられたことにあやかって、裁縫や書道の上達を願う「乞巧奠《きっこうでん》」という星祭りもありました。これらが中国から伝わり、日本古来の「棚機《たなばた》津女《つめ》」信仰と結びついたのが七夕の始まりです。七夕を〝タナバタ〟と読むのは、ここからきています。

色紙で作った輪つなぎなどを笹竹に飾り、思い思いの願いを短冊に書く七夕は、子どもをワクワクさせる楽しい夏の行事です。織り姫と彦星の話を聞かせてあげながら、家族で笹飾りを作ってみましょう。

七夕飾りのいろいろ

大がかりな七夕飾りには高級な和紙が使われますが、家庭で作るなら家にある色紙やきれいな包み紙で十分。伝統的な飾り物には、それぞれに意味があります。

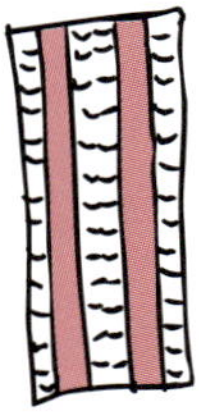

吹き流し
機織りの上達を願う

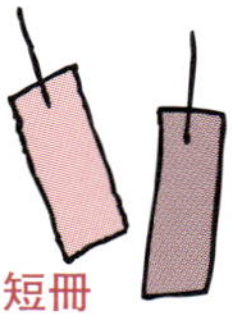

短冊
書道の上達を願う

千羽鶴
長寿を願う

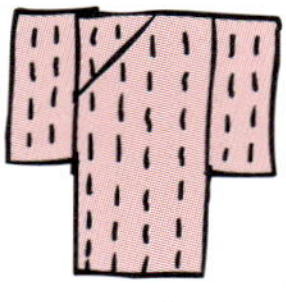

紙衣
裁縫や手芸の上達を願う

三角つづり

輪つなぎ

巾着
節約や貯蓄の心を養う

七夕祭りのメニュー

＊七夕の夜には、そうめんを食べるならわしがあります。これは天の川や裁縫の糸に見立ててのことです。そうめんに、切り口が星型になるオクラを飾るなど、子どもが喜ぶトッピングを。

＊星型のクッキーやゼリーを作って楽しむのもよいでしょう。

夏の夜空と七夕伝説

七夕の夜には親子で東の空を見上げ、天の川を探しましょう。天の川にまたがる「夏の大三角形」のうちの2つが、織り姫（こと座のベガ）と彦星（わし座のアルタイル）です。

＜七夕伝説＞
機織りが上手な織り姫は、とても働き者。朝から晩まで機を織っていましたが、彦星に恋をしてからというもの、機織りをやめてしまいました。これが天帝の怒りに触れ、2人は天の川をはさんで引き離されることに。そして、年に1度、7月7日の夕刻だけ会うのを許されたのです。この日、カササギが天の川に翼を広げて橋となり、織り姫が彦星のもとへ行く手助けをしてくれます。

バレンタインデー

2月14日のバレンタインデーは、日本では女性から男性へチョコレートを贈る日として定着していますが、本来はカトリックの記念日の「愛の日」で、ローマ司教だった聖バレンタインが殉教した日です。

欧米ではチョコレートに限らず、手作りのお菓子やパンジーの花束などを贈るのが一般的で、感謝や愛の言葉を記したカードを添えます。

最近は、幼稚園の子ども同士でもチョコレートのやりとりをすることが多くなりました。親子で手作りチョコレートに挑戦したり、ふだん何かとお世話になっているママ友には、この機会にチョコレートで感謝の気持ちを伝えるのもよいでしょう。

バレンタインデーの手作りチョコ

超簡単チョコレートの作り方

市販のチョコレートもいいけれど、親子でワイワイ言いながら作るのも楽しいもの。遊び感覚でやりましょう。

(材料)
製菓用チョコレート、マシュマロ、ピック

(作り方)
1. 製菓用チョコレートを湯せんで溶かす
2. 必要な数のマシュマロをピックに刺す
3. 溶かしたチョコレートにマシュマロをくぐらせる
4. マシュマロ同士がくっつかないようにお皿に並べ、冷まして出来上がり！　ココアパウダーをふりかけたり、チョコレートスプレーをまぶしたりすると豪華な雰囲気に

ホワイトデーにはお返しを

バレンタインデーから1か月後の3月14日は「ホワイトデー」。男性側からクッキーなどをお返しとして贈るのが習慣になってきました。これは日本だけのもので、外国では行われていません。
男の子のいる家庭で子どもがチョコレートをもらっていたら、キャンディーをかわいらしくラッピングするなどして、ちょっとしたお返しを用意しましょう。いただいたものには感謝して、お返しをするという心も教えたいものです。

メッセージカードも手作りで

＊カードは四角とは限りません。丸いのでもいいし、三角でも。ピンキングばさみがあれば、ギザギザカットのカードが出来上がります。レースペーパーを使うのもすてきです。
＊「パパへ」の文面は、いちばん何を伝えたいか子どもと考えましょう。お友だちに贈るカードは、子どもの好きなようにさせてあげましょう。

ハロウィン

欧米などキリスト教圏では、11月1日は「万聖節」という祝日で、その前夜祭がハロウィンです。日本でいうお盆のように、死者の霊がこの世に戻ってくると信じられています。また、魔女やおばけもやってきて、いろいろ悪さをするという言い伝えもあり、この日に人々が仮装するのは、それらを驚かせて追い返すという意味があります。

日本ではなじみのなかったお祭りですが、最近はハロウィンが近づくとあちこちでかぼちゃデコレーションが見られ、小学校などでも、仮装を楽しむところも増えてきました。

仮装の衣装を手作りするならば、ママ友同士で協力して作るのも楽しいでしょう。どこでおもしろい衣装が手に入るかなど、情報交換してみましょう。

ハロウィンパーティーの楽しみ方

テーブルセットをハロウィン仕様に!

親子でペーパークラフトを楽しみましょう。

* ランチョンマットは、大きなかぼちゃの形に切って作ります。色はもちろん、かぼちゃ色。
* コースターは、かぼちゃのほか、コウモリやおばけの形に。
* かぼちゃのちょうちん（ジャック・オ・ランタン）を作るには、日本のかぼちゃでは無理。皮がオレンジ色でやわらかい「西洋かぼちゃ」が最適。

ハロウィンといえば何といっても仮装。熱心な人は海外から衣装を取り寄せるほどですが、自分の好きな格好で“変身”を楽しみましょう。

* 定番は、ハロウィンのシンボルでもある魔女やモンスター。
* その年に流行したキャラクターやスーパーマンは毎年人気。
* 女の子に人気なのはディズニーのプリンセス系の衣装。白雪姫やシンデレラ、オーロラ姫など。ほかにオズの魔法使い、赤ずきんちゃんなど。
* 子どもは、プラスチック製のかぼちゃの容器などお菓子を入れる容器を持ちます。
* 家々を回り、「Trick or Treat!（お菓子をくれなきゃいたずらするぞ！）」と声をかけながらお菓子をねだる習慣があります。
* 親子で仮装して参加するパーティを開いて、楽しむとよいでしょう。

お誕生会

入園・入学して子どもの人間関係が広がってくると、「お誕生会をどうする?」という問題が出てくるものですが、やるやらないは各家庭の自由です。子どもと相談して決めればいいことですが、自分の誕生日にお友だちが家に集まるのは、子どもにはうれしいことです。「やって」と言われたら準備してあげましょう。

ただ、お誕生会に呼んだり呼ばれたりしていると、内容がどんどんエスカレートしてくることがあります。本当はだれもが「あまりハデにしたくない」と考えているかもしれません。プレゼントの金額など、お母さん同士で話し合って決めるのもよいでしょう。

お誕生会を開くときの注意点

親子で相談してお誕生会をやると決めたら、親主導ではなく、子ども主導で準備を進めましょう。お母さんはアドバイザーに徹して。

招待する人数とメンバーを決める

人数については、スポンサーであるお母さんが「ウチは○人が限度よ」と人数を決め、メンバーの人選は子どもにいっさい任せます。「なんでユウ君を呼ぶの?　それよりトモちゃん呼ぼうよ」などとお母さんが提案するのはやめましょう。

おみやげの品物を選ぶ

あらかじめ金額を決めておき、子どもに選ばせます。もらうのは子どもの友だちですから、同じ子どもに選ばせるのがいちばん。親の趣味を押しつけないこと。

お誕生会に呼ばれたら

子どもがお誕生会に呼ばれると、まず頭に浮かぶのは持たせてやるプレゼントのことです。相手の親の目にも触れるものなので、「何これ…」と言われるようなものは贈りたくないと思うかもしれませんが、もらうのは親ではなく子どもです。プレゼントは金額を決めて、子どもに選ばせましょう。友だちの好みは、子どものほうがよく知っています。

そして、「呼ばれたからウチも誕生会をやらなければ」と思うのはやめましょう。自分がやりたいからやるというのならいいのですが、負担になるなら、「ウチはお誕生会はしない」ときっぱり決めてしまってもいいのです。

お誕生会のプログラムの例

土曜か日曜の昼食後に、3時間程度行うのが普通です。冬は暗くなるのが早いので、家が遠い友だちは家まで送ってあげる配慮も。

PM1時ごろ～

●お誕生会スタート

・バースデーケーキのロウソクに点火
・プレゼントを受け取る
・切り分けたケーキやスナック類を食べる

●時間まで遊ぶ

（みんなで楽しめる遊びを子どもと考えておく）

PM4時ごろ

●お開き（おみやげを渡す）

結婚式に関するマナー

招待状を受け取ったら

結婚披露宴の招待状をもらったら、「返事は○日までに」と指定があっても、できれば2～3日内に出すようにしましょう。早く出すことは「おめでとう！」という祝意の表れです。

招待状には、返信用はがきが同封されています。招待者に対して敬語で書かれていますから、返信するときは敬称部分をすべて消すのがマナーです。

はがきの余白には、出欠にかかわらずお祝いの言葉をひと言書き添えるようにしましょう。

返信用はがきの書き方

表書き

あて名部分の「行」を２本線で消して、「様」を書き入れます。

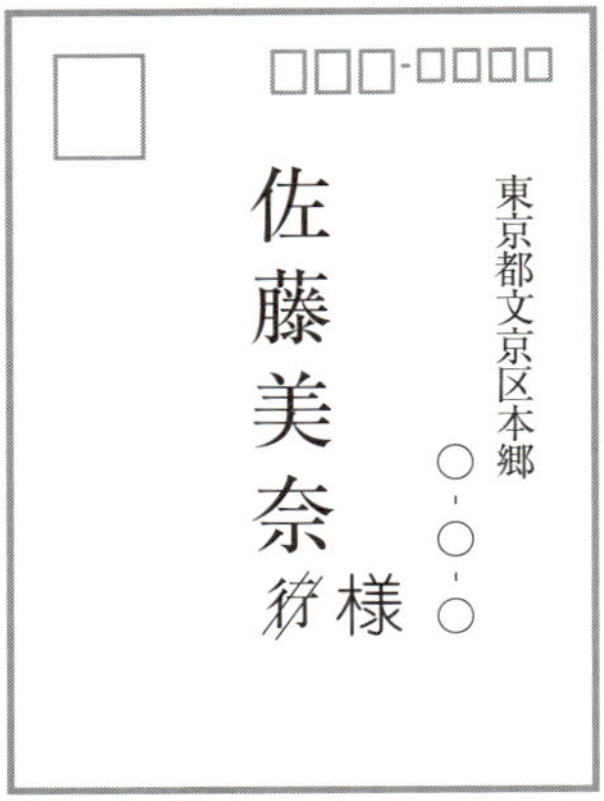

東京都文京区本郷
○-○-○
佐藤美奈
行 様

裏書き

＜出席の場合＞
「御出席」の「御」、「御欠席」を２本線で消し、出席に○を。

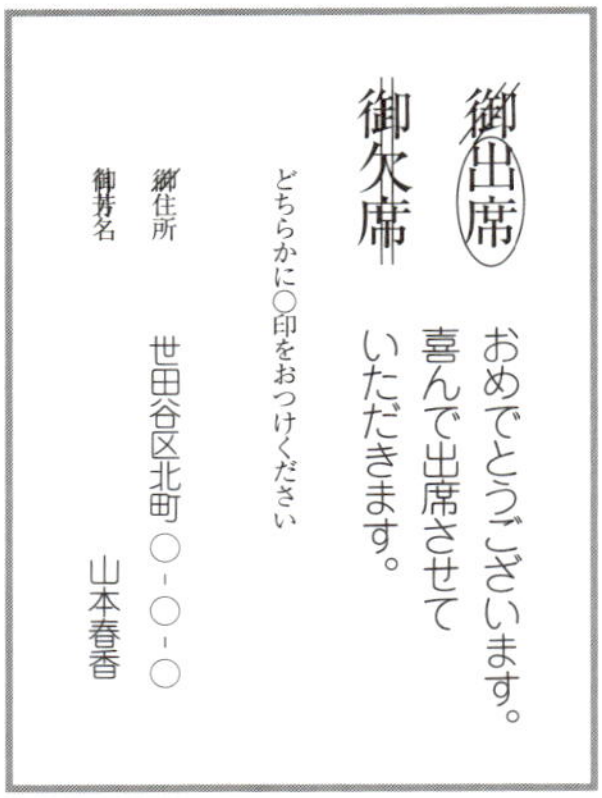

御出席
御欠席
おめでとうございます。
喜んで出席させて
いただきます。
どちらかに○印をおつけください
御住所
世田谷区北町○-○-○
御芳名
山本春香

＜欠席の場合＞
出席の場合と同じように敬称部分を消し、お祝いの言葉と欠席の理由を書きます。弔事が理由のときは「やむを得ない事情で」とぼかした表現を。

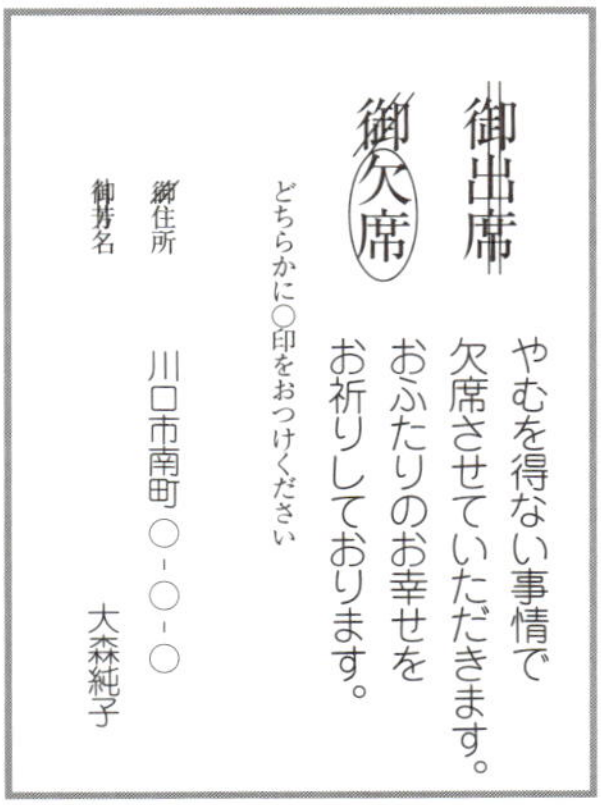

御出席
御欠席
やむを得ない事情で
欠席させていただきます。
おふたりのお幸せを
お祈りしております。
どちらかに○印をおつけください
御住所
川口市南町○-○-○
御芳名
大森純子

115

祝電の打ち方

電報の申し込み

電話なら局番なしの「115」に、自分の名前と電話番号を伝えて申し込みます。受付時間は午前8時から午後10時まで。インターネットならNTTのホームページで申し込み可能。24時間受付。

- ご結婚おめでとうございます。お二人のご多幸と発展をお祈りいたします。
- ご結婚おめでとう！　明るく温かい家庭を築いてください。

戻る・壊れるなどもダメ

電報の文面はNTTに慶弔用の文例がいろいろ用意されているので、それを利用すると便利。オリジナルの文面にするときは、「終わる・切る・破れる」など、別れを連想させる言葉は使わないようにします。

①自宅
式の前日までに

②披露宴会場
開宴までに

自宅に届けるなら、遅くとも前日までに。披露宴会場に届けるなら、開宴までに届くように手配を。

ご祝儀を渡す場合

結婚祝いを現金で贈る場合、悩むのは包む金額です。相手との関係やおつきあいの度合いによって違うのはもちろんですが、一応の相場も知っておきましょう。20～30代の場合、贈る相手が友人や同僚なら2～3万円というのが今の相場のようです。

金額が少ないのでは、と気になるときは、事前に5千円くらいの品物を贈ります。

披露宴に出席できないときは、ご祝儀を郵送してもOKです。必ず祝儀袋に入れ、お祝いの手紙と一緒に現金書留で送りましょう。

最近は祝儀袋もカラフルでおしゃれなものが多くなりましたが、白の包み紙に紅白または金銀の水引がついたものが正式です。

ご祝儀の金額の目安

贈る相手	20代	30代	披露宴に出席するのは		
			夫のみ	妻のみ	夫婦で
勤務先の同僚	2～3万円	3万円	3万円	3万円	——
友人・知人	2～3万円	3万円	3万円	3万円	5万円
兄弟姉妹	10万円	10万円	——	——	10万円
甥、姪	——	5万円	5万円	3万円	10万円
いとこ	3万円	3万円	3万円	3万円	5万円

祝儀袋の書き方

表書きは「寿」「御結婚御祝」など。文字は濃い墨ではっきり書きます。
※水引は金銀か紅白の結び切り。金額が多ければ、祝儀袋も豪華なものを。

＜夫婦で贈る場合＞
表書きの下に夫のフルネームを書き、その左に妻の名前を並べて記入。

＜１人で贈る場合＞
表書きの下に自分の名前をフルネームで記入。

ここに注意！ 祝儀袋には水引が蝶結びのものもありますが、これは何度あってもよいお祝い用（出産祝いなど）。結婚祝いには、「１回限り」の意味がある結び切りの水引がついたものを選びましょう。

お祝い品を贈る場合

最も正式な結婚祝いのしかたは、吉日の午前中に品物を持参し、お祝いの言葉とともに差し上げるというものですが、デパートなどから配送してもかまいません。挙式の1週間前までに届くようにしましょう。

趣味が多様化した現代では、本当に喜んでもらえるものを選ぶのはむずかしいものです。せっかく贈っても似たようなものが重なってしまうこともあるので、できれば前もって本人の希望の品を聞いてみるとよいでしょう。

その場合、「2万円くらいの品を贈りたいのだけれど」とだいたいの予算を伝えます。いくつか候補の品をあげて、その中から選んでもらう方法もあります。一般的に、喜ばれるのは壁掛け時計、和洋食器、ペアの腕時計、調理器具（なべ、フライパンなど）、電化製品（電子レンジ、オーブントースターなど）、クリスタル製品などです。

お祝い品を贈った場合、ご祝儀は必要ありません。

お祝い品を贈るときの注意点

「数」に気をつける

3、5、7など奇数は「割れない」ので吉とされ、結婚祝いに複数のものを贈るときは奇数にするのがならわし。偶数でもペアや半ダース、1ダースはひと組と考えてOK。8も「末広がり」なので大丈夫です。

「別れ」を連想させる品はNG

刃物や鏡、ガラス類は「切れる」「割れる」という意味で、結婚祝いには避けるのが基本。ペアのワイングラスなど、本人が希望しているのならかまいません。

当日会場に持参しない

当日持参していいのは、お祝いが「現金」の場合のみ。品物を受け取る側の迷惑を考えましょう。当日は目録だけ持参し、あとで新居に送る方法も。

出席するときの服装

結婚式に出席するときの服装は、だれが主役かを考えて決めましょう。当然、花嫁が主役ですから、花嫁を越える服装をしてはいけません。

また、参列者は年齢層や職業の幅が広く、初対面の人も多いので、だれにでも好感を持たれる服装を選ぶことも大切です。

子ども連れで参列するのは避けるのが基本ですが、親族の結婚式で招待側から「どうぞ」と言われた場合は同伴してかまいません。その際の子どもの服装は、幼稚園や学校の制服があればそれを着用しますが、ない場合はおけいこ事などの発表会や、入園・入学式のときのような服装が適当です。

結婚式での服装

お母さんの服装

＊和服なら留め袖か訪問着

＊洋服ならフォーマルドレス。パンツスーツでも。カジュアルすぎなければ大丈夫

子どもの服装

* 男の子はスーツ、ブレザーに半ズボンなど。女の子はワンピース、アンサンブルなど。ともにやや改まった感じになればOK。

結婚式にふさわしくない服装

* 純白のドレス（白は花嫁の色なので避けるべき）
* 黒一色のドレス（黒は喪の色なので縁起が悪い）
* 肌が見えすぎるドレス（年配者は下品と感じる）
* ニットや綿など普段着素材の服（結婚式は人生最大の儀式。礼装で）

葬儀・法要でのマナー

葬儀に参列するときの心得

訃報を受けて弔問するとき、通夜、葬儀、告別式のどれに出席するかは、故人とどの程度親しかったかによります。近親者あるいは親しい友人の間柄なら、すべてに出席するべきです。それほど親しいわけではないのなら、告別式だけに出席します。

ただし、最近は厳密なルールはなく、昼間に行われる葬儀・告別式には出られないので、かわりに通夜に出席するというケースが多くなりました。通夜でも告別式でも、行けるほうに出席すればよいでしょう。

読経の最中に入っていくことのないように、早めの到着を心がけます。

通夜の流れ

本来は、遺族や近親者など、親しい人たちが集まって、別れを惜しむためのものです。

焼香

＊僧侶の読経のあと、喪主から遺族、弔問客と順番に焼香します。

＊自分の番がきたら、遺族と僧侶に一礼して焼香を。

受付

＊お悔やみの言葉を述べて記帳。「このたびはご愁傷さまでございます。心からお悔やみ申し上げます」

通夜ぶるまい

＊弔問に対するお礼とお清めの意味で、簡単な食事やお酒がふるまわれます。勧められたら遠慮するのは失礼。

＊長居しないで早めに退席しましょう。

＊両手で香典を渡します。「ご霊前にお供えください」

葬儀・告別式の流れ

葬儀とは、遺族や親族が故人の成仏を祈る儀式。告別式は故人にゆかりのある人々が最後の別れを告げる儀式。それぞれ別の意味を持ちます。

出棺のお見送り

＊喪主のあいさつのあと、遺族と近親者は火葬場へ向かいます。参列者はコート類を脱いでお見送りを。

受付

＊通夜のときと同じようにお悔やみを述べて記帳し、香典を渡します。すでに香典を渡していれば記帳だけを。

清めの儀式（必要な場合のみ）

＊帰宅したら、家に入る前に塩で身を清めます。胸元、両肩、足元にひとつまみずつ塩を振って。

会葬

＊式場に入ったら指示に従って着席します。

＊読経の中、喪主から遺族、弔問客と順番に焼香をします。

弔問できないときは

やむを得ない事情で通夜にも告別式にも出席できないときは、電報や手紙でお悔やみの気持ちを伝えます。電話で喪主や遺族を呼び出すことは差し控えましょう。

弔電は、局番なしの「115」へ申し込みます。喪主あてに送りますが、名前がわからないときは「故○○様ご遺族様」とします。


お悔やみ状は、悲しみを共有する気持ちで、丁寧に書きましょう。前文は書きません。不幸が続くことを連想させる「重ね重ね」「たびたび」「次々」などの忌み言葉は、使わないのがマナーです。

お悔やみ状に香典に添え、現金書留で送るようにします。

香典の表書きと金額の目安

表書き

不祝儀袋や表書きは、宗教や宗派によって違います。葬儀の宗教に合わせないと失礼なことになります。

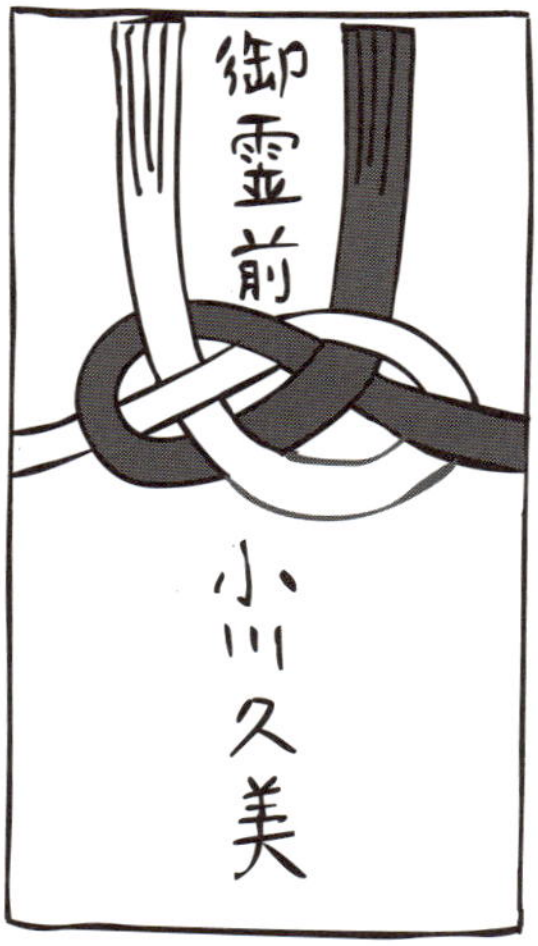

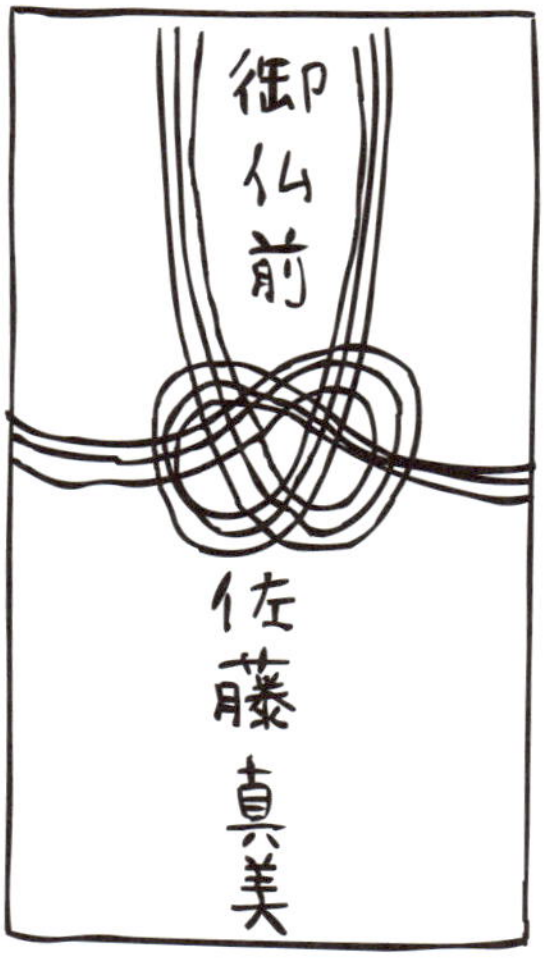

＜仏式の場合＞
表書きは「御霊前」「御香典」など。ただし、「御霊前」は四十九日までで、それ以降は「御仏前」に。
水引は黒白または銀の結び切り。

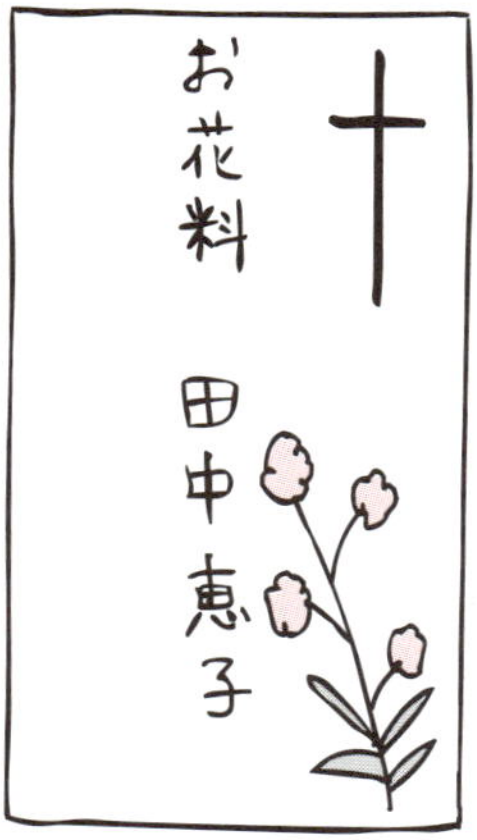

＜キリスト教式の場合＞
表書きは、プロテスタント、カトリック共通で「御花料」、カトリックのみの「御ミサ料」。

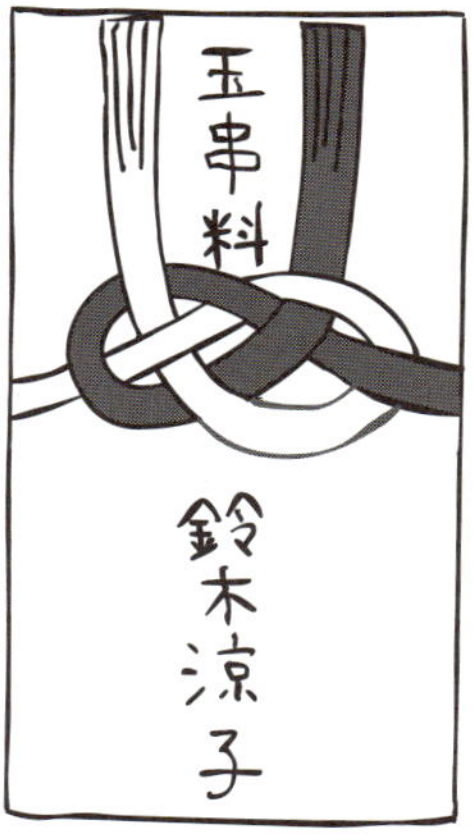

＜神式の場合＞
表書きは「玉串料」「御榊料」など。
水引は白一色または黒白の結び切り。

贈る相手	20代	30代
勤務先の上司	3千円	5千円
同僚	3千円	5千円
祖父母	1万円	1万円
両親	——	10万円

贈る相手	20代	30代
兄弟姉妹	——	5万円
おじ・おば	1万円	1万円
友人・知人	——	5千円

子ども同伴で葬儀に参列するとき

通夜や葬儀に小さい子どもを連れていくのは、場所をわきまえない非常識な行為。避けるのが原則ですが、親しい親戚や子ども自身の友だちが亡くなった場合は別です。

親戚の葬儀に出席するときは、いろいろお手伝いを頼まれることもあるかもしれません。子どもがぐずっても一緒にいてやれないので、あらかじめ甥や姪、いとこなどに、子どもの相手を頼んでおいたほうがよいでしょう。

子どもの友だちの葬儀には、同じような年ごろの子どもが集まります。騒ぎ出すこともあるので、なるべく早く引き上げて、迷惑をかけることがないようにしましょう。

子ども連れで参列するときの注意点

体調が悪いときは参列中止に

参列を決めていても、子どもの体調が悪いときは無理をしないこと。先方にはとりあえず弔電を打ち、香典は後日お詫びの手紙を添えて送ります。

子どもの服はできるだけ地味に

制服があればそれを着せますが、派手な色のネクタイやリボンは取りはずすこと。ない場合は、できるだけ地味な服装にします。

子どもの動きに気を配る

会葬者の間を走り回ったり、花輪などにさわったりしないよう十分気をつけます。焼香がすんだら、あいさつをしてすぐ帰りましょう。

参列のため、園・学校を休むとき

自分や夫の親が亡くなってすぐ駆けつけるような場合は、電話で連絡を。夜に駆けつける場合は、翌朝電話連絡をしましょう。

近所の葬儀をお手伝いするとき

隣近所の親しい家で弔事があったときは、すぐ弔問に出向いてお悔やみを述べ、お手伝いを申し出ます。隣近所ならば喪家の家庭の事情などがある程度わかっているでしょうし、周辺のことも知っているので、通夜ぶるまいの準備など裏方を担当しましょう。喪家に小さな子どもがいる場合は、その世話も助かることです。

すでに人手が足りていてお手伝いの必要がないときは、お悔やみを述べたらすぐに失礼します。あとは告別式に参列しましょう。

お手伝いの心得

服装は地味めのものを

告別式に参列するときは黒一色の喪服ですが、それ以外は地味めの服装でかまいません。ただし、表に立つ仕事を頼まれた場合は、通夜のときから喪服です。

世話役代表の指示に従う

世話役代表は、遺族と親しくて人生経験豊かな人が選ばれるもの。いくら自分がその家庭をよく知っているからといって、出すぎた真似をするのはNG。

喪家のうわさ話をしない

台所仕事をしながら女同士で喪家のうわさ話をするのは慎みましょう。大声で笑ったり、冗談を言い合うのも不謹慎です。

領収書をなくさない

買い物をすることになったら必ず領収書をもらい、なくさないように保管しておきます。トラブル防止のために大切なことです。

法事に出席するとき

法事とは、亡くなった日から49日目の四十九日（忌明け）に始まり、三十三回忌あるいは五十回忌まで故人のための法要をすることです。遺族側から招待されない限り、出席することはできません。

故人に縁の深い人が集まって行う供養なので、招待されたらできるだけ出席するのが礼儀です。

服装は施主側を越えないのが原則で、三回忌までは略式喪服が無難。それ以降は地味な外出着程度でいいでしょう。また、供物を贈る場合は、生花、果物、線香、故人の好物などを。現金を贈る場合は表書きを「御仏前」「御供物料」とします。

PART 6

お母さんのスピーチ・文書・手紙

スピーチをする

場面に合ったスピーチを

子どもが入園・入学すると、母親という立場でさまざまな会合や行事に出席する機会が増え、それに伴ってスピーチをしなければならない場面も多くなります。

そうしたときに、まず念頭に置きたいのは、何のために、だれに対して話すのかということ。

学校行事で保護者代表として話すのか、子どもを相手に指導役員として話すのかなど、最初にしっかり認識しておきましょう。これをきちんと把握しておかないと、場違いなスピーチをして、雰囲気を壊す結果になりかねません。

場面別・スピーチとあいさつのポイント

式典……入学式、卒業式など
＊聞き手は児童、生徒の場合が多いので、フォーマルな場でもわかりやすい言葉で。

PTAの会合
……PTA総会や運営委員会など
＊自分の役割を踏まえ、前向きな気持ちであいさつする。司会を担当したら、会がスムーズに進行するように段取りを整え、テキパキとしたあいさつを。

みなさん
こんにちは

よろしく
お願いいたします

保護者会・懇談会
……クラスや学年の保護者会、懇談会など
＊親同士が親しく意見交換する場。なごやかで明るい雰囲気になるよう親しみやすい口調で。

面談……個人面談、家庭訪問など
＊事前に話したいこと、聞きたいことを整理しておく。ふだんお世話になっているお礼のあいさつも忘れずに。

スピーチは3つのパートで組み立てる

どんな場面で、だれに対して話すかを頭に入れたら、次に話す内容を考えます。いろいろ盛り込みたい材料があっても、テーマは1つに絞り込んだほうがよいでしょう。印象的なスピーチに仕上がります。

テーマを決めたら原稿作りです。初心者ならなおさらのこと、この作業を省くわけにはいきません。内容は、「導入」「主文」「結び」の３つで組み立てましょう。

聞き手が興味を示すのは、テーマ部分にあたる「主文」です。ムダな文章が多いとテーマがぼやけてしまうので、思いついたことをどんどん書き出したあとは、余分なところを削りながら整理していきます。

スピーチの構成

① 導入

＊出席者へのあいさつや出席へのお礼、季節の言葉などを盛り込みます

＊ここで自己紹介もしますが、先に司会者から紹介があった場合は省いてOK

例　○○を代表いたしまして、ひと言ごあいさつさせていただきます。

例　お忙しいところ○○会にご出席いただきまして、ありがとうございます。

② 主文

＊主要なテーマ部分。式典などではお祝いや励ましの言葉、行事や各種会合なら主旨や抱負を述べます

＊テーマの内容によっては、具体的なエピソードを加えると聞き手の興味を引きます

例　６年間、厳しくも温かいご指導をいただき、子どもたちはこのように立派に成長いたしました。４月からは中学校へ…

例　小さな背中に大きすぎるランドセルを見て、心配な気持ちになったことを思い出し、わが子の成長ぶりを見るにつけ、感無量の思いでございます。

③ 結び

＊お祝いや感謝、期待の言葉などで締めくくります

例　○○会のますますの発展をお祈りし、○○のあいさつとさせていただきます。

※導入と結びは簡潔に。この部分が長すぎると、しまりのないスピーチになってしまいます。

※導入と結びの部分は、ある程度パターン化しています。マニュアルなどを参考にするのもよいでしょう。

原稿作りのポイント

原稿を書くときは、持ち時間を無視するわけにはいきません。「3分くらいで」と言われていたら、それに合わせて原稿を作ります。スピーチの時間は1～3分が一般的で、1分なら300字、3分なら750～800字が適当です。これは原稿用紙1～2枚に相当する量で、聞き手に内容を明確に伝えるには、このくらいがちょうどいいのです。

時間の指示がない場合でも、3分以内におさめることを考えて原稿を作りましょう。何も言われないからといって、長々と話すのは禁物です。

字数がオーバーするときは、導入と結びを短くしたり、表現を簡潔にするなどして調整しましょう。

上手な原稿ここをチェック!

センテンスは長すぎない?

スピーチはセンテンスが長いと意味が通じにくくなります。一息で話せる文をつないでいくのがコツ。

同じ言葉を何度も使っていない?

「それから」「また」などの接続詞のほか、動詞や形容詞で同じ言葉が繰り返し使われると耳障りなもの。ほかの言葉に言い換えて。

主語と述語はきちんと合っている?

「何が（だれが）」と書いたら、「どうした」と続けます。これが合っていないと、聞き手は混乱します。

敬語の使い方は正しい?

話の内容がよくても、敬語の使い方が間違っているとイメージダウンに。過剰な敬語表現も避けましょう。

読みづらいところはない?

文章としてはよくても、声に出して読むとひっかかりやすいところは修正を。読みづらいところは聞きづらいところでもあります。

繰り返し練習して自信をつける

原稿が完成したら、何度も繰り返し声に出して読んでみましょう。落ち着いてスピーチをするには、何をおいても練習して「これだけやれば大丈夫」と自信をつけるのが最善の方法です。家族や友人に聞いてもらい、間の取り方や話す速度をチェックしてもらうのもいいことです。

スピーチに不慣れな人は、「早く話し終えたい」と思うかもしれませんが、内容がよくても早口なのは聞き手にきらわれます。通常よりゆっくりめのスピードで話すようにしましょう。

間《ま》の取り方はむずかしいものですが、センテンスの切れ目でひと呼吸おくようにするといいでしょう。

本番に臨んで気をつけること

上手でなくても心を込めて
多少言葉に詰まっても、誠実な話し方は好感を持たれます。

視線は客席の後方に
会場をＺ字状に目線を動かすのがよいといわれますが、慣れないと無理。しっかり顔を上げて後方を見ましょう。

語尾を濁さない
どのフレーズも語尾がモゴモゴと消えてしまうのでは自信のない印象に。最後まではっきり発音しましょう。

表情を明るく
緊張していると笑顔もこわばりがちになるもの。眉間の筋肉を緩め、口角をちょっと持ち上げる感じで話すと明るい表情になります。

入園式

父母会会長のあいさつ

【新入園児への言葉】

Ⓐよい子の皆さん、おはようございます。元気そうなお顔がたくさん並んでいますね。皆さんは今日から、マーヤ幼稚園のお友だちになりました。おめでとう。

皆さんは、この幼稚園のブランコがピカピカなのに気がつきましたか？　あの新しいブランコは、この春小学1年生になった皆さんのお兄さんやお姉さんが、マーヤ幼稚園のお友だちのためにプレゼントしていってくれたものです。順番を守って、仲よく乗ってくださいね。

ほかにも幼稚園には、みんなでお歌を歌ったり、お絵かきしたり、お遊戯をしたりと、楽しいことがいっぱいあります。それに、運動会や遠足もありますよ。Ⓑ明日から元気に通ってきてくださいね。

【自己紹介と保護者へのお祝い】

ご列席のご家族の皆様、本日はお子様のご入園、おめでとうございます。私は、マーヤ幼稚園父母会会長の青木治美と申します。よろしくお願いいたします。

POINT

●新入園児と保護者へ、あいさつは分けて行うのが原則。

●園児にはやさしい言葉で幼稚園の楽しさを話し、これからの園生活に期待を抱かせるようにします。

●保護者に対しては、祝辞とともに父母会活動への協力もお願いしておきます。堅苦しい内容は避けましょう。

❖言い換え例

Ⓐ皆さん、おはようございます。元気なごあいさつができましたね。これからも毎日、今のように大きな声で、あいさつしてくださいね

Ⓑきっと皆さんは、幼稚園が大好きになると思います。お友だちも、いっぱいできますよ

皆様方の中には、初めてお子様を集団生活の中に送り出され、うれしい反面、不安をお持ちの方もいらっしゃるのではないでしょうか。でも、ご覧ください。制服に身を包んだ子どもたちは、目を輝かせて明日に向かって大きな一歩を踏み出しました。どうぞ、お子様を信じてあげてください。

それに、Ⓒこのマーヤ幼稚園は、きめ細やかな指導では定評のある園です。きっと子どもたちは、明るくのびのびとした園生活を送ってくれることでしょう。

【協力のお願い】

私たち父母会は、そんな子どもたちを温かく見守りながら、園のために少しでもお役に立てるよう、お手伝いさせていただきたいと思います。どうぞ皆様にもご協力いただけますよう、よろしくお願い申し上げます。

【結びの言葉】

お子様の幼稚園生活が、楽しく、そして実りあるものでありますことを、心からお祈り申し上げます。

本日は、まことにおめでとうございました。

Ⓒこの○○幼稚園には、園長先生はじめベテランの先生が多数おいでになり、安心して子どもを任せられる環境です

❖応用フレーズ

【保育園の場合】

子どもを預けて仕事をすることに、後ろめたさを感じている保護者の方もいらっしゃるかと思いますが、子どもは子ども同士の中でたくましく成長していくものでございます

働く親の姿を、どうか堂々とお子様に見せてあげてください。そして、お休みの日には、しっかりお子様を抱きしめてあげてください

スピーチをする

保護者代表のあいさつ

【自己紹介と入園式のお礼】

　このたび入園した子どもの保護者を代表いたしまして、ひと言ごあいさつを申しあげます。上原里香の母でございます。園長先生をはじめ先生方、職員の皆様、本日はこのように心温まる入園式を催していただき、まことにありがとうございます。

【現在の心境・抱負】

　生まれて初めて制服というものを着て、緊張して席についている子どもたちの顔はどの子もちょっぴり大人びて見える気がいたします。みんなと仲よくできるだろうか、先生のおっしゃることがきちんと聞けるだろうかと、不安な気持ちもないわけではございませんが、子どもたちのそんな落ち着いた様子に、あとはみんなの伸びる力に任せようという気持ちになりました。

　しかも、先ほどより皆様方から温かいお言葉をたくさん頂戴し、とても心強い気がしております。

【結びの言葉】

　Ⓐ何かとご迷惑をおかけすることもあるかと思いますが、どうぞよろしくご指導くださいますよう、お願い申し上げます。本日は、ありがとうございました。

POINT

- 新入園児の保護者を代表して、入園式を催してくれた園に対する感謝の気持ちを述べます。
- 保護者代表としてのあいさつなので、自分の子どもの話に終始せず、親として共通の思いを語りましょう。
- 結びでは、これからお世話になるお願いの言葉も忘れずに。

❖言い換え例

Ⓐ遊びながら長所を伸ばしていきましょうと頼もしくおっしゃってくださった園長先生はじめ諸先生方、たくさんのお世話をおかけすることと思いますがどうぞよろしくお願い申し上げます

❖応用フレーズ

心温まるお言葉をいただき、○○幼稚園に入ることができてよかったという思いが、いっそう強くなってまいりました

卒園式

保護者代表のあいさつ

【先生へのお礼】

　Ⓐ園長先生はじめ、諸先生方のおかげをもちまして、子どもたちも無事卒園のよき日を迎えることができました。本当にありがとうございました。

【卒園にあたっての思い】

　私たち、子どもを育てながら仕事をしている母親にとりまして、いつの日も保育園の先生方は心強い味方でした。つい弱気になって先生にグチをこぼしたこともございましたが、そのたびに連絡ノートを通して励ましていただきました。子どもだけでなく、私たち親も育てていただいたと思っております。先生方への感謝の気持ちは、とうてい言葉では言い尽くせません。

　子どもたちは、４月から小学校に入学します。あおぞら保育園で養っていただいた心の豊かさやさしさは、何ものにも代えがたい財産となって、これからの生活に生かされていくことと思います。

【結びの言葉】

　最後に、園長先生や諸先生方のご健康とご活躍、そして、あおぞら保育園のますますのご発展を心よりお祈りし、保護者代表のあいさつとさせていただきます。

POINT

●卒園児の保護者代表として、お世話になった先生方へ感謝の気持ちを述べます。

●楽しかった思い出や印象深いエピソードを織り交ぜながら、園生活を振り返りましょう。

●エピソードは自分の子どもの事例に偏らないように。

❖言い換え例

Ⓐ園長先生をはじめ、先生方、本当にお世話になりました。入園式ではじっとしていられなかった子どもたちが、今日、このように姿勢を正して卒園式に臨んでいる姿を見ますと、これも先生方の厳しくも愛情あふれるご指導のおかげと、心からお礼を申し上げます

❖応用フレーズ

こうして全員そろって卒園の日を迎えることができましたのも、先生方の深い愛情と熱心なご指導があったからこそでございます

入学式

保護者代表のあいさつ

【はじめのあいさつ】

新入生の保護者を代表いたしまして、ひと言ごあいさつをさせていただきます。

【関係者へのお礼】

Ⓐ本日は、このようなすばらしい入学式を催していただき、まことにありがとうございます。また、ご来賓の皆様からの温かいご祝辞に心から感謝申し上げます。

【入学にあたっての思い】

わずか数週間前に卒園式を終えたばかりの子どもたちですが、満開の桜に迎えられて校門をくぐった姿は、どの子どもも誇らしげで、何とも頼もしく見えました。感激で胸がいっぱいになるとともに、これから始まる小学校生活が、充実した楽しいものでありますようにと願わずにはいられません。

【指導のお願い】

Ⓑ新しい環境に慣れるまで、いろいろとご迷惑をおかけすることもあるかと思います。校長先生はじめ先生方、そして上級生の皆さん、どうかよろしくご指導のほど、お願い申し上げます。

【結びの言葉】

本日は、本当にありがとうございました。

POINT

- 新入生の保護者代表として、入学式を催してくれた学校側に感謝し、「これからよろしく」という気持ちを伝えます。
- 今日から始まる学校生活への期待を、素直に表現しましょう。
- 保護者代表の謝辞の前には、来賓の祝辞が続くもの。それに対するお礼も添えます。

❖言い換え例

Ⓐ本日は子どもたちのために、このように盛大な入学式を催していただき、大変うれしく思っております

Ⓑこれから子どもたちは、慣れない新生活にとまどったり、いろいろ困った場面に出くわしたりすることでしょう

❖応用フレーズ

私どもも、子どもたちとともに成長してまいりたいと思っております

卒業式

保護者代表のあいさつ

【はじめのあいさつ】

卒業生の父兄を代表いたしまして、ごあいさつを申しあげます。

【関係者へのお礼】

本日は、子どもたちをこのような立派な式でお見送りいただき、まことにありがとうございます。Ⓐまた、温かいご祝辞をたくさん頂戴いたしまして、心から感謝いたしております。

【先生へのお礼】

６年前、体よりも大きなランドセルを背に、上級生のあとについて通学していたころのことを、ついこの間のように思い出しております。卒業証書を手にした今日の子どもたちの姿に、あのころの面影はもうどこにもありません。こんなに大きくなったのだと、感無量でございます。これもひとえに、校長先生や諸先生方の温かく、そしてときには厳しいご指導のおかげと、心よりお礼申し上げます。

【指導のお願い】

Ⓑ４月からは中学生ですが、並木小学校での経験と思い出は、きっと貴重な栄養となって、子どもたちをより大きくしてくれることと思います。どうかこれからも、子どもたちを温かく見守ってくださいますよう、お願い申し上げます。

POINT

●卒業生の保護者代表として、お世話になった先生方、祝辞をくださった来賓の方々へ感謝の気持ちを伝えます。

●卒業を迎えた子どもの成長を喜び、親としての心情を素直に表現しましょう。

●感傷的なあいさつになるのは避けましょう。

❖言い換え例

Ⓐまた、ご来賓の皆様、ご多忙中にもかかわらずご出席いただき、まことにありがとうございます

Ⓑ４月からは中学生としてクラブ活動や勉強に忙しくなることと思いますが、自分の夢を見つけることも忘れないでほしいと思っております

❖応用フレーズ

先生方が誠心誠意、子どもたちに力を注いでくださいましたこと、父兄を代表いたしまして心から感謝申し上げます

PTAクラス役員のあいさつ

【出席のお礼・自己紹介】

それでは、1年2組のクラス親睦会を始めたいと思います。今日は土曜日の午後ということで、皆さんいろいろご予定もあったでしょうに、こんなにたくさんお集まりいただいて、ありがとうございます。私は、今回司会を務めさせていただきます、クラス委員の高野です。よろしくお願いします。

【会の主旨説明】

入学して、はや2か月たちました。Ⓐ先生のお話では、子どもたちはもうすっかり打ち解けた様子で、クラスのまとまりもできてきたということですから、親のほうも子どもに負けずに仲よくなって、お互いに情報を交換したり、ストレスを発散し合える仲になれたらいいなと思っています。

今日は、井戸端会議のつもりでゆっくりおしゃべりを楽しんでいただけるように、お茶とお菓子も用意しました。

【自己紹介の誘導】

まず自己紹介から始めたいと思いますが、名前だけでなく、出身地もお願いします。同じ出身地の人がいるかもしれませんよ。Ⓑでは、窓際の前の方から始めましょうか。どうぞ。

❖言い換え例

Ⓐ子どもたちはもうすっかり学校生活になじんだ様子ですが、親のほうは入学式のとき以来、なかなか顔を合わせる機会がありません。そこで、このような席を設けさせていただきました

Ⓑ右端の方と左端の方にジャンケンをしていただいて、負けたほうから始めましょう

❖応用フレーズ

大内先生には、この会のために貴重なお時間を割いていただき、ありがとうございます

POINT

- クラス親睦会は、親同士が仲よくなるための場。くつろいだ雰囲気作りが大切。
- 担任の先生が出席する場合は、あいさつの最初に先生に対して謝意を表しましょう。
- 話の内容も言葉づかいも、堅苦しくならないように。

歓送迎会

PTA会長のあいさつ

【出席のお礼と自己紹介】

本日は、新学期というお忙しい中、ＰＴＡ主催の歓送迎会に多数ご出席いただきまして、まことにありがとうございます。会長の和田でございます。

【先生と新旧役員へのあいさつ】

Ⓐ本校では、昨年度、教頭先生をはじめ４人の先生がご転任されました。長い間、子どもたちを温かくご指導いただきまして、本当にありがとうございました。

そして、新しく赴任された４名の先生方と職員の皆様、ようこそ北野小学校へおいでくださいました。これから、どうぞよろしくお願い申し上げます。

前年度の役員の皆様、１年間本当にお疲れさまでした。創立50周年の記念行事も滞りなく終了し、心から感謝しております。

皆様のさらなるご活躍をお祈りして、あいさつの言葉に代えさせていただきます。

【開会の言葉】

それでは皆様、Ⓑ限られた時間ではございますが、ゆっくりとおくつろぎいただき、心温まるひとときをお過ごしください。

POINT

●退任・転任した先生と親任の先生、新旧のＰＴＡ役員が集まって交流をはかる場なので、明るく親しみのある話し方を。

●去る先生にはお世話になったお礼の言葉を、迎える先生には歓迎と「これからよろしく」の言葉を贈ります。

❖言い換え例

Ⓐわが○○小学校では、昨年度は安田良作先生が退任され、大西栄子先生が転任なさいました。お二人とも児童から慕われていましただけに、まことにお名残り惜しい限りでございます

Ⓑまことにささやかではございますが、軽いお食事も用意しております。どうぞごゆっくりご歓談ください

❖応用フレーズ

本日は、ご退任、ご転任される先生方と、新しく本校に赴任してこられた先生方を囲んで、楽しいひとときを過ごしたいと思います

スピーチをする

文書を作成する

文書の目的は情報の正確な伝達

学校長やＰＴＡから生徒の保護者に向けて発信される「お知らせ」や「ご案内」などの書類は、文書と呼ばれます。

文書は、文字で用件を伝える点では手紙と同じですが、不特定多数の人への公的な連絡として使われるため、情報の正確さと文章の簡潔さが求められます。また、ひと目見ただけで内容がわかるように、文書では見やすさも重要です。

堅苦しく、むずかしい印象があるかもしれませんが、基本の書式があるので作成するのは意外に簡単です。

文書作成のポイント

文書は、A4サイズにパソコンで横書きに作成するのが一般的。恒例行事の連絡は元データが残されていることが多いので、日付などの変わった箇所だけ手直しすればＯＫ。

オリジナリティーより正確性を重視

文書では、手紙のように季節感を出したり心を込めたりすることより、情報を正確に伝えることを第一に考えます。個人的な意見を書くのはNG。

定型的な言い回しを使う

保護者の層は幅広いので、だれが読んでも失礼にならない改まった言い方を。決まり文句を活用しましょう。

見やすさを重視する

ひと目で内容がわかるように、タイトルは必ず入れ、強調したい箇所は下線を引いたり、太字にしたり、枠で囲んだりします。

印刷前にここをチェック！

間違い箇所はない？

作成した人は個人でも、発信者は学校やＰＴＡといった組織。間違っていたら組織全体の責任です。複数の人の目でチェックしましょう。

情報の不足はない？

いつ（When）、だれが（Who）、どこで（Where）、何を（What）、なぜ（Why）、どのように（How）の６つのポイントがもれなく入っているか、しっかりチェックしましょう。

発行の承認を受けている？

PTA文書は、最終的には学校長やPTA会長の承認を受けて発行するもの。あとで問題にならないように、手続きを飛ばさないこと。

文書の基本パターン

前付	第○号 平成○年12月○日 PTA役員各位 ○○区立緑山小学校 PTA会長　太田和代
表題	忘年会のご案内
前文	師走のあわただしいころとなりました。 役員の皆様にはお元気でお過ごしのことと存じます。 日ごろよりPTA活動に多大なご協力をいただき、まことにありがとうございます。
主文	さて、恒例となりました慰労をかねての忘年会を、 今年も下記のとおり開催いたすことになりました。 この1年を振り返りながら、ともに楽しいひとときを過ごしたいと思います。
末文	年末のお忙しい時期ではございますが、 多数ご参加くださいますようお願い申し上げます。
付記	記 日時　12月○日（土）午後6時30分〜8時30分 場所　北京飯店（TEL:456−7890） 会費　4000円 ※予約の都合上、ご都合のつかない方は12月△日までに 会計委員長・岡田（TEL:246−1350）までご連絡ください。 以上

前付 文書番号、日付、あて名、差出人名を書きます。日付は文書を配布する日。日付と差出人名は右端をそろえます。

表題 ひと目で用件がわかるタイトルをつけます。文字を大きくしたり、書体を変えたりして目立たせます。

前文 頭語や時候のあいさつ、安否のあいさつ、厚誼へのお礼などを入れます。緊急の用件の場合は、前文を省略することもあります。

主文 「さて」「ところで」などの言葉で用件に入ります。１つの文書に用件は１つが原則です。

末文 結びのあいさつ。頭語をつけた場合は、それに応じた結語を必ず入れます。

付記 「記」として、伝えるべきことを箇条書きで簡潔にまとめます。「以上」で締めくくりますが、省略することもあります。

平成○年5月○日

PTA会員各位

○○市立柏木小学校
PTA会長　野口美代

平成○年度PTA定期総会のお知らせ

拝啓　新緑の美しい季節となりました。会員の皆様には、ますますご健勝のこととお喜び申し上げます。

さて、平成○年度定期総会を、下記のとおり開催いたします。ご多忙の折とは存じますが、何とぞ万障お繰り合わせの上、ご出席くださいますようお願い申し上げます。

敬具

記

1　日時　　平成○年5月○日（水）午後2時より
2　場所　　本校体育館
3　議題　　(1)平成○年度活動報告
　　　　　　(2)平成○年度収支決算・監査報告
　　　　　　(3)新役員承認
　　　　　　(4)平成○年度収支予算案

※当日は総会資料とスリッパをお持ちください。
※当日出席できない方は、下記の委任状にご記入の上、5月△日までに担任の先生へ提出してください。

----- キリトリ線 -----

委　任　状

平成○年5月　日
○○市立柏木小学校　PTA会長　野口美代殿
私は、平成○年度のPTA定期総会における一切の権限を、議長に委任いたします。
会員氏名　　　　　　　　印
児童氏名　　年　　組

----- キリトリ線 -----

○○市立柏木小学校　PTA会長　野口美代殿

PTA定期総会に出席いたします。　会員氏名　　　　　　　　印

児童氏名　　年　　組

POINT
●ＰＴＡ総会は、すべてのＰＴＡ会員が集まる年１回の会合。重要行事なので丁寧な書き方を心がけます。伝達事項が多いので、もれのないように注意しましょう。委任状の提出期限を明記すること。

学級懇談会のお知らせ

平成○年5月○日

2年1組保護者の皆様へ

2年1組学級委員
小川泰恵

学級懇談会のお知らせ

若葉をゆらして吹き渡る風が心地よい季節、皆様にはいかがお過ごしでしょうか。持ち上がりクラスで2年に進級した子どもたちは、いっそう仲間意識を強め、元気に学校生活を送っているようです。
さて、学年末にもお伝えしたとおり、学級懇談会を開催いたします。担任の山口先生を囲んで、子どもたちのこと、勉強のことなど、気軽におしゃべりをしませんか?
皆様お忙しいとは思いますが、日ごろ顔を合わせる機会はあまりありませんので、多くの方の参加をお待ちしています。

記

・日　時　5月○日(火)午後3時～4時30分
・場　所　2年1組教室
・持ち物　上ばき、マグカップ(お茶の用意があります)

なお、出欠票は出欠にかかわらずお子様を通じて5月△日までに山口先生まで提出してください。

------------------------- キリトリ線 -------------------------

2年1組学級懇談会に　出席／欠席　いたします(いずれかに○をつけてください)

児童氏名

保護者氏名

❖応用フレーズ

日ごろ子どものことで気になっていること、聞いてみたいことなども、遠慮なくお話しください

POINT

●学級懇談会は、保護者と先生が親睦を深める場。気軽に参加してもらえるように、堅苦しい表現は避けましょう。
●文書は事務的な性格が強いので、ふざけすぎない程度にイラストを入れて、親しみやすさを出すのもよい方法。
●お茶などの用意がある場合は、その旨も明記します。

文書を作成する

給食試食会のお知らせ

平成○年10月○日

PTA会員各位

○○市立朝日小学校
PTA会長　庄司真理
文化委員長　内海順子

給食試食会のお知らせ

Ⓐ実りの秋を迎え、ますますご清栄のこととお喜び申し上げます。運動会も無事に終わり、今は来月行われる学芸会に向けて、それぞれの出し物を一生懸命に練習する子どもたちの姿が見られます。

さて、昨年度実施してご好評をいただいた給食試食会を、今年も下記のとおり開催することになりました。ぜひこの機会に子どもたちと同じ給食を味わい、学校給食の内容や栄養について理解を深めていただけたらと思います。

当日は、Ⓑ栄養士の大原直子先生にもお越しいただき、成長期の食生活についてお話しいただきます。Ⓒ多くの皆様のご参加をお待ちしております。

記

日時：10月○日（金）午前11時30分〜13時
場所：本校給食控え室
献立：たけのこご飯、野菜の五目煮、鮭のバター焼き、牛乳、キウイフルーツ
費用：300円（当日集金します）

※参加ご希望の方は、申込用紙にご記入の上、10月△日までに担任の先生へご提出ください。

---------------------------- キリトリ線 ----------------------------

給食試食会参加申込書

年　　組　　児童氏名

保護者氏名

❖言い換え例

Ⓐ灯火親しむ候となりました。すみきった空のもと、校庭を元気に走り回る子どもたちの声が響いております

Ⓑ管理栄養士の鈴木弘子先生に小学生と給食についてのお話をうかがったあと、食事作りに生かせる簡単レシピをご紹介いただきます

Ⓒ学校給食について知ることのできるよい機会ですので、奮ってご参加ください

POINT

●給食試食会は保護者の関心が高い行事です。特典を盛り込んで参加意欲をそそる文面に。

●費用は事前に徴収するのか、当日でよいのか、明記しましょう。

●材料の都合上、定員が決まっている場合は、その人数も記載。

講演会の案内

平成○年11月○日

PTA会員各位

○○区立神明小学校
PTA会長　河元耕作
文化委員長　島村恵美

講演会のご案内

学校前の並木道に色とりどりの落ち葉が舞う季節となりました。皆様にはお元気でお過ごしのことと存じます。

さて、Ⓐ毎年開催しております講演会ですが、今回は下記のとおり実施する運びとなりました。講師には、東都大学付属病院小児精神科の片倉雅彦先生をお迎えすることになっております。

片倉先生は、思春期の子と親の関係が良好になれるかどうかは、現在、学童期にある子どもとどう向き合っているかにかかっているとおっしゃいます。この興味深いお話を、親の役割を改めて考えながら、ご一緒に伺いたいと思います。Ⓑどうぞ皆様お誘い合わせの上、多数ご参加ください。

記

1、日時　11月○日（金）午後3時より
2、場所　本校体育館
3、講師　片倉雅彦先生（東都大学付属病院小児精神科）
4、テーマ　「子どもの心が教えてくれるもの」

※当日、講演終了後に先生との質疑応答の時間を30分用意しております。
※参加ご希望の方は申込書にご記入の上、11月△日までに担任の先生へご提出ください。

------------------------------- キリトリ線 -------------------------------

講演会申込書

年　　組　　児童氏名

保護者氏名

POINT

●多くの人が参加してくれるよう、興味を引く言葉を入れます。
●講演の内容は具体的に書きます。別紙を添付して講師の略歴や著書の紹介をするのもよいでしょう。
●講演後に質疑応答を予定しているときは、その旨も記載。

❖言い換え例

Ⓐ毎回ご好評をいただいている講演会を、下記の要領で開催いたします

Ⓑ多くの皆様のご参加を、心よりお待ちしております

❖応用フレーズ

私たちは親としてどのように子どもの気持ちを受け止めていったらいいのか、興味深いお話が聞けることと思います

欠席届・遅刻届・早退届

欠席届

5月12日	昨夜から発熱し、けさは38度近くありました。このまま下がらないようなら病院に連れていきますので、今日はお休みさせていただきます。
7月6日	熱はないのですが、頭痛を訴えて食欲もありません。家で様子を見たいと思います。今日1日お休みさせてください。
10月18日	昨夜遅く、Ⓐ父方の祖父が他界したとの連絡が入りました。これから駆けつけますので、今日より3日間ほど欠席させていただきます。よろしくお願いします。
11月30日	朝、腹痛を訴え、吐き気があります。熱もあるようなのでお休みさせてください。午前中、病院に行く予定です。
1月21日	夕べ38.8度の熱を出し、けさになっても下がりません。おなかの調子も悪いようです。今日は欠席させていただきます。
1月22日	昨日、病院に連れていって診察を受けましたところ、Ⓑインフルエンザとのことでした。熱が下がって医師の許可がおりしだい登校させます。よろしくお願いします。
2月18日	昨日は大変お世話をおかけしました。Ⓒ幸い骨に異常はなく、捻挫ですみました。3～4日で普通に歩けるようになるそうです。今日は欠席させていただきますが、明日からは送り迎えをして登校させます。Ⓓいろいろありがとうございました。

POINT

●届とは事実を伝える短い文書のこと。伝えたいことだけを簡潔にかきます。

●欠席、遅刻、早退などの届は、連絡帳を利用するのが一般的。あいさつは省きます。

●必要に応じて医師の診断書などを添付。

❖アドバイス

Ⓐ身内が亡くなった場合の欠席は忌引き扱いになり、欠席になりません。欠席日数の制限は学校によって違う場合もありますが、一般に父母で7日間、祖父母・兄弟姉妹で3日間、おじ・おばで1日です。

Ⓑインフルエンザなどの伝染性の病気は、出席停止となるので欠席扱いになりません。口頭か連絡帳で伝えるだけで、診断書は必要ないところが多いようです。

Ⓒ病気やケガの場合、容態の経過を知らせると先生も安心します。

Ⓓさまざまな理由で個人的にお世話になった場合は、連絡帳にお礼の言葉を書き添えます。

遅刻届

6月25日	昨夜から歯痛が治まらず、思うように食事がとれない状態です。午前中に歯科に連れていき、Ⓐ治療がすみしだい登校させますので、よろしくお願いします。
7月15日	けさ起きたとき左目が充血していました。眼科で診察を受けてから登校しますが、今日のプールは見学させてください。
10月12日	けさ、朝食後に少し吐きました。微熱があるようですが、本人は休みたくないと申しますので、少し様子を見たいと思います。Ⓑ体調がよくなりましたら登校させます。
1月23日	昨日、弟とふざけていて、ガラスで手の甲を切りました。病院で1針だけ縫いましたので、ガーゼ交換のため朝一番に病院に寄ってから登校します。傷は大したことはなく、1週間ほどで治るそうです。

早退届

5月25日	明日行われる親戚の結婚式に出席するため、今日は4時限で早退させていただきます。Ⓒ給食が始まる前に迎えに行きますので、よろしくお願いします。
9月8日	親戚の法事に出席するため千葉までまいります。2時限で早退したいのですが、Ⓓ本日は給食当番に当たっているようなので、よろしくお取り計らいください。ご迷惑をおかけしますが、よろしくお願いします。
11月30日	札幌に単身赴任中の主人が、本日2時ごろ、出張の途中で少しだけ家に立ち寄ります。久しぶりに父親と会わせてやりたいので、午前中で早退させてください。給食を食べ終えたころに迎えにまいります。

❖アドバイス

Ⓐ遅刻するとき、小学校では大人が学校まで連れて行くのが原則。1人では登校させません。

Ⓑ体調がよくならず、そのまま欠席させるときは、改めてその旨を先生に連絡します。連絡帳が先生の手に渡っているので電話でかまいませんが、わざわざ呼び出してもらうのは避け、伝言をお願いしましょう。

Ⓒ早退するとき、児童1人での帰宅は許されません。必ず大人が教室まで迎えに行きます。

Ⓓ当番に当たっているときに1人抜けると、ほかの子どもに迷惑をかけます。ひと言書き添えて、交代をお願いするなどしましょう。

手紙を書く

気持ちを伝えるには手紙が最適

Eメールや携帯電話の普及で、コミュニケーションに手紙を使う機会は大幅に減りましたが、お礼やお祝いの気持ちを丁寧に相手に伝える方法として、手書きの手紙にまさるものはありません。学校へ子どもに関する相談事を持ちかけるときも、書くことで心の整理ができるので、手紙が最適です。

手紙は「前文」「主文」「末文」「後付」で構成され、文書の場合と同じです。書き慣れていないとむずかしく感じるものですが、基本パターンを覚えてしまえば、どんな場合にも

頭語と結語のルール

頭語とは「拝啓」や「前略」などの冒頭で述べるあいさつの言葉で、結語とは「敬具」「かしこ」などの締めくくりの言葉です。この2つは、決められたセットで使うのがルールです。

	頭　語	結　語
一般的な手紙	拝　啓	敬　具
	啓　上	拝　具
	一筆申し上げます	かしこ
丁寧な手紙	謹　啓	謹　言
	謹　呈	敬　白
	謹んで申し上げます	かしこ
前文省略の手紙	前　略	草　々
	前略ごめんください	不　一
	前略失礼いたします	かしこ
急用の手紙	急　啓	草　々
	急　呈	不　一
	取り急ぎ申し上げます	かしこ

通用します。相手が親しい友人なら書き方は自由ですが、改まった手紙や学校の先生、目上の人に出す手紙は、基本に沿って書くようにしましょう。

文章は縦書き、便せんは白が基本

目上の人への手紙や改まった手紙の場合、白地であまり薄くない便せんを使いましょう。

最近は改まった手紙で横書きが見られるようになりましたが、親しい友人などへの手紙でない場合は、縦書きにしたほうが無難です。

また、封筒の表書きは受け取った人が最初に見る部分なので、ていねいに書きましょう。

あて名は封筒の中央に書き、氏名に間違いがないか確認しましょう。

はじめのあいさつ例

前文では、頭語と時候のあいさつ（季節感を表現する言葉）に続いて、相手の安否をたずねるあいさつや、日ごろお世話になっているあいさつをします。

＊皆様にはいかがお過ごしでしょうか。

＊皆様お変わりございませんでしょうか。

＊○○様にはますますご健勝のこととお喜び申し上げます。

＊○○様にはお忙しい毎日をお過ごしのことと存じます。

＊お元気でお暮らしのことと存じます。

＊ご機嫌いかがでございますか。

＊日ごろは何かとお世話になり、ありがとうございます。

＊いつも何かとお心にかけていただき、感謝申し上げます。

＊お元気でお過ごしとのこと、何よりと存じます。

結びのあいさつ例

末文では、用件をまとめたあいさつや相手の健康を祈るあいさつをします。

＊まずは用件のみにて失礼いたします。

＊取り急ぎお礼まで。

＊まずは右お願いまで。

＊末筆ながら、皆様のご健康をお祈り申し上げます。

＊時節がら、どうぞお体を大切に。

＊くれぐれもお体を大事になさってください。

＊どうぞお元気でお過ごしください。

＊ご家族の皆様には、どうかご自愛のほどお祈りいたします。

手紙の基本パターン ①

前文

拝啓
水ぬるむ季節を迎え、先生には何かとお忙しい毎日をお過ごしのことと存じます。

主文

さて、卓也の中学受験に際しましては数々のご配慮をいただき、ありがとうございました。おかげさまで無事第一志望の明和中学に合格することができ、親子ともども喜んでおります。先生の力強い激励と熱心なご指導がなかったら、今日のこの感激は味わえなかったことでしょう。改めて厚くお礼申し上げます。

末文

卒業まであとわずかではございますが、今後ともご指導ご鞭撻いただけますよう、よろしくお願い申し上げます。
取り急ぎお礼まで。
敬具

後付

二月〇日
青山佳代
寺島文吾先生

前　文

手紙の書き出し部分。「拝啓」や「前略」などの頭語は、１行目の行頭に書きます。改まった手紙でなければ、頭語・結語は省略してかまいません。

主　文

手紙の用件の部分。「さて」「ところで」などで始めると書きやすくなります。要領よくまとめるのがポイント。相手の名前が行末にこないように注意しましょう。

手紙の基本パターン②

前文

木々の緑がまぶしい季節となりました。青森は今が桜の満開の時期ですが、前田先生にはいかがお過ごしでございましょうか。

主文

突然の夫の転勤であわただしくこちらに移り住んでから早一か月、ようやく落ち着きを取り戻したところでございます。転校のときはゆっくりごあいさつもできず、大変失礼いたしました。

息子の雄大は、小学校に入学してから見違えるように活発な性格になりました。おかげでこちらでもすぐに友だちができ、元気に学校に通っております。息子の長所を大きく評価し、自信を持たせてくださった先生には心から感謝しております。本当にありがとうございました。

末文

これからは行事が続いてお忙しいことと存じます。どうかくれぐれもご自愛のうえ、ますますご活躍くださいますようお祈り申し上げます。かしこ

後付

五月○日

谷口純子

前田修平先生

後　付

日付、署名、あてなを記入。日付は行頭より２文字ほど下げ、署名は結語と下をそろえます。あて名は１文字ほど下げ、便箋の最後の行にならないように。

末　文

終わりのあいさつ部分。相手の健康を祈るあいさつなどで締め、頭語に合った結語を入れます。結語の位置は、行末から１文字分上に。

お礼

個人的にお世話になったお礼

【あいさつ】

拝啓　梅雨の候となりましたが、尾山先生にはますますご健勝のこととお喜び申し上げます。

【お礼の言葉と現在の様子】

先日は、お忙しい中にもかかわらず娘のことでお骨折りをいただき、本当にありがとうございました。娘にまた明るい笑顔が戻ったことをご報告させていただきたく、ペンをとった次第です。

【相談理由と感謝の事柄】

西田真奈さんとは幼稚園からのおつきあいですが、気が合うらしく、とても仲よしでした。それが、この間お話ししたような経緯で不仲になってしまい、ふさぎ込んでいる娘を見るにつけ、何とかまた仲よくなれないものかと相談に伺ったわけなのでございます。

先生にケンカの仲裁までお願いするのは気が引けましたが、Ⓐ思いきってお話しして本当によかったと思っております。

【結び】

先生には心から感謝を申し上げます。今後とも、どうぞよろしくご指導のほどお願いいたします。

敬具

POINT

- 先生に相談したことで問題が解決した喜びと感謝の気持ちを、丁寧に伝えます。
- 何をどのように感謝しているのか、具体的に書きましょう。
- 時候のあいさつなどの前文を省き、お礼の言葉から書き始めてかまいません。

❖言い換え例

Ⓐ二人の性格をよくご存じの先生でなければ解決は望めなかったと、感謝しております

❖応用フレーズ

先生からいただいたアドバイスを糧に、これからは子どもとしっかり向き合って生活していこうと考えております

お礼

子どものお見舞いへのお礼

【あいさつ】

一筆申し上げます。

先日はⒶ学期末のお忙しい中、息子のお見舞いに来てくださいまして、まことにありがとうございました。お帰りになられてからも冗談を言って笑わせるほど元気になり、先生のお見舞いは何よりの妙薬となったようでございます。


【感謝する事柄】

お持ちくださった「二年二組新聞」は、息子がいつも見られるように、ベッドわきの壁に貼りました。今回はクラスの皆さんから息子へのメッセージ特集ということで、先生のお心遣いには感謝の言葉もございません。昨夕、会社帰りに病院に立ち寄った主人も、新聞を食い入るように見つめて目をうるませておりました。心からお礼申し上げます。


【今後の予定】

Ⓑ幸い、先日の検査結果は良好で、来月には退院できそうです。2組の皆さんにも、その旨よろしくお伝えくださいませ。


【結び】

Ⓒまずは書中にてお礼まで。

かしこ

POINT

- お見舞いを受けてうれしかった気持ちを、飾らずに素直に書きます。
- お見舞いによってどんな効果があったか、本人の様子にも触れて具体的に書きましょう。
- 退院の見通しがついたときは、そのことも伝えます。

❖言い換え例

Ⓐせっかくのお休みにもかかわらず

Ⓑおかげさまで、ようやく退院という言葉が主治医の口から聞かれるようになり、夏休み中には家に帰れそうです

Ⓒ本当にありがとうございました。重ねてお礼申し上げます

相談

不登校に関する相談

【あいさつ】

いつも正志がお世話になっております。Ⓐ先週から欠席が続いておりますが、そのことでご相談したいことがあり、お手紙を差し上げました。

【現在の状況】

実は、十日ほど前から、朝になると腹痛や頭痛を訴えるようになりました。そのため、体調不良を理由に欠席させていたのですが、正志の様子を見ていると調子が悪いのは朝だけで、それ以降は何も変わったところは見られないのです。夕べそれとなく正志に聞いてみましたところ、「学校へはもう行かない」と恐れていた答えが返ってきました。理由を聞いても何も言わず、今日は自分の部屋に閉じこもったまま出てまいりません。親として思い当たることは何もなく、途方にくれるばかりです。

【お願い】

Ⓑ先生には、何かお心当たりはございませんでしょうか。ぜひ一度お目にかかって、アドバイスをいただきたく存じます。ご多忙中恐れ入りますが、ご都合のよい日時をお知らせいただければ幸いです。

【結び】

取り急ぎお願い申し上げます。

POINT

- 子どもの不登校の原因は先生側にあるとする攻撃的な書き方は避けましょう。
- 深刻に悩んでいる気持ちを、素直な表現で丁寧に伝えます。

❖言い換え例

Ⓐお手紙を差し上げましたのは、このところお休みしている件についてでございます

Ⓑ先生のほうで原因についてお心当たりのことがありましたら、お教えいただきたいと思います

❖応用フレーズ

先生の長年のご経験から、アドバイスをいただけたら幸いです

相談

いじめに関する相談

【あいさつ】

いつも娘の雅美がお世話になり、ありがとうございます。Ⓐ今日は、娘の友だち関係で心配なことがあり、お手紙を書かせていただきました。


【現在の状況】

実は、娘は最近、学校のことをひと言もしゃべろうとしません。何かあったのか聞いてみると、グループの友だちから無視されたり、上靴を隠されたりしているそうで、「もう学校に行きたくない」と涙ながらに申します。

娘の話だけでは何が起こっているのかよくわからず、親としては不安です。先生のほうで、何かおわかりのことがありましたら、教えていただけませんでしょうか。また、娘にもいけないところがあるようでしたら、家庭で話し合い、改善する必要があると思っております。


【お願い】

つきましては、Ⓑ一度先生にお目にかかり、この件についてご相談させていただければと存じます。ご都合のよい日に伺いますので、お忙しいところ恐縮ですが、どうぞよろしくお願い申し上げます。

POINT

● 感情的な表現は避け、事実を客観的にわかりやすく伝えるようにします。
● 事実関係がはっきりしないうちに友だちの名を挙げ、一方的に悪いと決めつけるのはNG。

❖ 言い換え例

Ⓐ 本日は、先生に折り入ってご相談したいことがございましてペンをとりました
Ⓑ どのように対処したらよいかお話を伺いたく、少しお時間をとっていただけませんでしょうか

❖ 応用フレーズ

一日も早く元のように元気で学校へ行けるようにさせてやりたいと思っております

手紙を書く

一括購入への抗議

【あいさつ】

小野先生には、直哉がいつもお世話になっております。

実は、昨日、学校からのプリントに目を通して、気になることがありましたので筆をとらせていただきました。


【抗議の事柄】

プリントの中には、書道用具一式を購入するための集金用紙もありましたが、書道用具は直哉の姉のものを使わせる旨、学期はじめに連絡帳を通してお知らせしております。ところが、書道用具はすでにクラス全員に配られ、各自ロッカーに入れてあるとのこと、受け取った直哉にも問題はありますが、Ⓐ大変困惑しております。

姉のものでは教材として役に立たないというのでしたら納得できますが、何か大きな違いがあるのでしょうか。直哉には、日ごろからものを大切に使うことを教えており、書道用具も姉のものを使うように話しております。


【お願い】

Ⓑつきましては、まことに心苦しいのですが姉の道具の使用を認めていただきたく、何とぞよろしくご配慮のほどお願い申し上げます。

POINT
- 困っている事情を、具体的にはっきり書きます。言葉遣いは丁寧に。
- 抗議の姿勢は控え、「配慮をお願いする」といった事を荒立てない書き方を心がけます。
- 書き上げたら冷静に読み返しましょう。

❖言い換え例
Ⓐ正直申し上げて大変困っている状況です
Ⓑ勝手なお願いではございますが、よろしくお取り計らいいただきたく、お願い申し上げます

❖応用フレーズ
事情をお察しのうえ、何とぞご配慮のほどお願いいたします

抗議

あだ名への抗議

【あいさつ】

前略失礼いたします。本日は、折り入って先生にお願いしたいことがありまして、お手紙を差し上げました。

【抗議の事柄】

実は、息子孝雄のあだ名のことなのですが、孝雄が「のろ」と呼ばれることをいやがっていることは、家庭訪問の折に申し上げたとおりです。本人がひどく気にしておりますので、周りからそう呼ばれることがありましたら、先生に注意していただきたいと思っておりました。

ところが、クラスでは孝雄をあだ名で呼ぶことが当たり前になっているばかりか、先生まで「のろ君」と呼ばれているとか。Ⓐ少々驚きました。孝雄は多くを語りませんが、せめて先生には正しい名前で呼んでいただきたいのではと思っています。Ⓑ親としていささか残念です。

【お願い】

そこでお願いと申しますのは、今後、孝雄に対し、少しご配慮をいただけないでしょうか。切にお願い申し上げます。

かしこ

❖言い換え例

Ⓐ失礼ながら、何かさびしい気持ちになりました

Ⓑ親としてふびんに思っております

❖応用フレーズ

非常に不快に感じたことは事実です

この件につきまして、納得のいくご説明を伺いたいと思います

POINT

●感情的にならず、伝えたいことを筋道を立てて書きます。前文は省略してもOKですが、文章は丁寧に。

●相手に反省を促すには、怒らせない配慮が必要。

●相手にどうしてほしいのか、要求は明確に書きます。

手紙を書く

おわび

学校の備品を壊したおわび

【あいさつ】

前略　いつも息子の健也がお世話になっております。

【不始末の説明】

実は、帰宅した健也の様子がいつもと違うので聞いてみましたところ、掃除中に友だちとモップでチャンバラごっこをし、誤って花びんを割ってしまったと申します。当人たちは驚いて、黙って帰って来たとのこと、まことに申し訳ないことをいたしました。

【反省の言葉】

自分のしたことに責任を持たない態度は人間として恥ずかしいことですし、掃除の時間に遊ぶなど、許されることではありません。健也にはきつく言って聞かせ、本人も反省しておりますが、日ごろの私どものしつけが行き届いていないことを、親として痛感しております。Ⓐ本当に申し訳ございませんでした。

【弁償の件】

なお、弁償はどのようにすればよろしいでしょうか。ご面倒をおかけして恐縮ですが、お知らせいただきたくお願いいたします。

【結び】

取り急ぎ、書中にてお詫び申し上げます。

草々

POINT

●子どもの不始末は日常的なことですが、はずみで起きたことでも事実を認め、きちんとおわびする姿勢が大切。
●子どもに注意したことや本人の反省の様子などを伝え、最後に弁償のことに触れます。

❖言い換え例
Ⓐ二度とこのようなことがないようにいたしますので、どうかお許しください

❖応用フレーズ
息子も今回ばかりは身にしみて反省しているようです
本当に何とお詫びすればよいか、親としての責任を痛感しております

おわび

友だちにケガをさせたおわび

【あいさつ】

取り急ぎ申し上げます。

Ⓐこのたびは、息子の貴志がとんでもない不始末を引き起こしまして、まことに申し訳ございません。涼太君にケガを負わせてしまい、ご家族の皆様もさぞ驚かれたことと存じます。

【反省の言葉】

その後、涼太君の具合はいかがでしょうか。

体が大きく、力も強い息子には、日ごろより遊びに夢中になって友だちを押したりしないようにと、厳しく言い聞かせてきたつもりですが、注意の行き届かぬところがあったと反省しております。息子も事の重大さに気づき、罪の意識を感じている様子です。

【治療費の件】

後日、息子ともどもお伺いし、改めてお詫び申し上げる所存です。そのときに、治療費のことなどもご相談させていただければと存じますが、今は涼太君の一日も早いご快癒をお祈りするばかりです。

【結び】

まずは書中にて、心よりお詫び申し上げます。

かしこ

POINT

- おわびの言葉とともに、十分に反省している気持ちを誠実に伝えます。
- 子どもに悪意がなかったとしても、それを前面に出さないように。
- 治療費についてはさりげなく触れ、支払う意思を表明します。

❖言い換え例

Ⓐこのたびの息子の不始末、本当に申し訳なく、心からお詫び申し上げます

❖応用フレーズ

いちばんの仲よしの○○君にケガをさせてしまったことに息子もショックを受け、深く反省している様子です

手紙を書く

著者略歴

近藤珠實（こんどう　たまみ）

東京生まれ。結婚まで音楽の仕事に励み、結婚後、かねてから必要を感じていた作法に取り組み、1975年、新感覚で国際的にも通用する作法の教室、「現代作法研究会」を主宰。1977年、新作法「清紫会」を結成、同時に「清紫会」新・作法学院を開設。学院長として生徒を指導するかたわら、テレビ、執筆、講演と幅広く活躍。著書に『冠婚葬祭とおつきあいいまどきマナー事典』（主婦と生活社）『子どもを伸ばす「しつけのチカラ」』（扶桑社）『日本の作法と暮らし「和のふるまい」』（日本文芸社）などがある。

デザイン　大谷孝久（cavach）
イラスト　macco
執筆協力　横田京子
編集協力　（株）文研ユニオン

かしこい お母さんのおつきあい・マナー

2008年5月30日　初版発行

著　者　近藤珠實
発行者　佐藤龍夫
発行所　株式会社　大泉書店
住所　〒162-0805　東京都新宿区矢来町２７
電話　03-3260-4001（代）
FAX　03-3260-4074
振替　00140-7-1742
URL　http://www.oizumishoten.co.jp/
印刷所　図書印刷株式会社
製本所　株式会社植木製本所

ISBN978-4-278-03539-1　C0077